Dora Höpner Meine Lieder

Hochdeutsche Lyrik,
Plattdeutsche Gedichte,
"Lüttje Dorpjeschichten"
und Theaterstücke
in Ostfälischer Mundart

Dora Höpner

Meine Lieder

Ein Gedichtband

Herausgeber Martin Höpner
Zusammengestellt von Ilse Höpner
Fotos Reinhold Mittag und Martin Höpner
Bleistiftzeichnung August Bratfisch (1883 – 1960)

Herstellung: Books on Demand GmbH
ISBN 3 – 8311 – 1238 - x

Zum Andenken

an meine Mutter Dora Höpner, deren handschriftliche Niederschriften diesem Buch zugrunde liegen und an meine Schwester Dorothee Hartwig. Sie verwahrte die Texte und schrieb sie ab, wenn die Blätter zu zerfallen drohten.

Vorwort

In Druxberge, einem Dorf am Westrand der Magdeburger Börde, kam Dora Höpner, geb. Mittag, am 24.10.1982 zur Welt. Dorfschule und Mitarbeit auf dem elterlichen Bauernhof prägten das Bild einer glücklichen Kindheit ohne Sensationen. Die früh erwachte Liebe zur Literatur erfuhr Anregung und Förderung durch die Mutter, die im Lehrberuf tätigen älteren Brüder und deren Umkreis.

Am Beginn des 1. Weltkrieges lebte die Heranwachsende zur hauswirtschaftlichen Ausbildung zunächst in einem Pfarrhaushalt und danach als Haustochter in einer Bremer Senatorenfamilie. In diese Zeit fallen die ersten dichterischen Versuche; Ermutigung und kritischen Rat erteilte in einem kurzen, herzlichen Briefwechsel der Dichter Hermann Stehr.

Heimweh und die tiefe Trauer um den gefallenen Freund prägten das dichterische Talent in kurzer Zeit zu erstaunlicher Reife. Neben ihren eigenen Erlebnissen verwob sie auch die Schicksalsfäden ihres Freundeskreises in ihre Gedichte.

Nach der Rückkehr in das Heimatdorf, heiratete sie 1920 den Hausschlachter Otto Höpner und nach der Geburt ihrer beiden Kinder, Martin und Dorothee, schrieb Dora Höpner nur noch wenige hochdeutsche Gedichte und wandte sich dann gänzlich der Mundartdichtung zu.

Ihre „Lüttjen Dorpjeschichten" schildern Menschenty-pen, ergötzliche oder tragikomische Begebenheiten und Szenen aus dem bäuerlichen Alltag. Für die örtli-che Laienspielvereinigung entstanden mehrere Theaterstücke in Reimform.

Unter dem Pseudonym Thea Martin, zusammenge-setzt aus den Namen ihrer Kinder, erschienen einige Gedichte in den Jahrbüchern des „Magdeburger Ge-neralanzeigers" und in verschiedenen Tageszeitun-gen.

Eine fruchtbare Zusammenarbeit entwickelte sich mit den Sprachinstituten der Universitäten Halle und Ber-lin und mit dem Mundartforscher Dr. Albert Hansen, von dem ihr literarisches Schaffen sehr hoch bewertet wurde.

Dora Höpner starb am 13.4.1964 und wurde auf dem Friedhof in Dreileben beigesetzt.

Hochdeutsche Lyrik

Du liebe Börde

Schmucklos und trist soll unsre Börde sein,
weil ihre Höhn nicht dunkle Wälder kränzen,
weil in der Sommernächte Sternenschein
nicht märchentiefe Seenaugen glänzen?
Ihr nennt sie nüchtern, ohne Poesie,
die doch so unermeßlich schön vor andern?
Ich zürne euch nicht, ihr durftet doch noch nie
im Morgenglanz durch unsre Fluren wandern.
Noch träumt das Dorf,
noch liegt auf Halm und Rain
der Morgentau wie zarte Perlenschnüre
und nur der Lerche Jubelouvertüre
klingt hell das Hohe Lied der Arbeit ein.
Zwar dünkt es uns an manchen Tagen fast,
als dröhnt' es in zu wuchtigen Akkorden.
Das Bördekind empfindets nicht als Last -
und manchem ist es Trösterin geworden.
Gott segne meine schlichte Bördeflur
und die sich ihrer herben Schönheit freuen!
Mit jedem jungen Tag will ich erneuen
der lieben Heimat meinen Treueschwur!

Lenzliedchen

Sahst du den Frühling auch
ins Fenster winken?
In unserm Fliederstrauch
schlagen die Finken.

Würziger Erdgeruch
wogt durch die Lande.
Sag, welcher Zauberspruch
sprengte die Bande?

Die ganze blaue Luft
ist lauter Freude,
mitten durch Glanz und Duft
wandern wir beide.

Mädchen, gib mir die Hand
zum frohen Reigen,
irgendein Musikant
wird dann schon geigen.

Lerchen- und Drosselton
soll uns nicht fehlen,
hör doch, sie stimmen schon
die kleinen Kehlen.

Und doch

So kurz nur war das Beieinandersein,
doch lang genug, um Wünsche wachzurufen,
die schlummern sollten tief im Herzensschrein,
weil sie von Aug' zu Auge Brücken schufen,
auf denen sacht und scheu die Sehnsucht ging.
Das war ein süßes, seliges Erkennen,
das sich wie Gluten an die Seele hing
und warb und bat. Nun müssen wir uns trennen,
zuckt auch das Herz und bäumt sich immerfort
und möchte gegen ew'ge Schranken rennen -
und doch:
Eng ist die Sprache und gering das Wort,
um meines Lebens höchstes Glück zu nennen.

O Du!

Ein einz'ges Mal hast du mich angeblickt,
und dieser Blick hat mich beglückt.
Und würde ich ans Weltenende fliehn –
ich könnt mich deinem Zauber nicht entziehn.
Mein Herz erbebt in scheuer, süßer Glut,
wenn ernst dein braunes Auge auf mir ruht.
Ein zitternd Ahnen von dem höchsten Glück
kommt über mich bei deinem dunkeln Blick,
und meine ganze Seele jauchzt dir zu
und kann doch stammeln nur: O Du, o Du!
So klein, so niedrig dünk ich mich,
an dir nur mißt mein ganzes Wesen sich.

Hochsommerschwüle lastet auf der Welt,
verschwendend gießt die Sonne ihre Gluten.
Ich wandre sinnend durch ein Roggenfeld,
durch eines Ährenmeeres goldne Fluten.

Zum letzten Mal grüßt mich der Feuermohn,
scheu nickt die Rade zwischen schwanken
Halmen,
denn in der Ferne klingt die Sense schon,
um alle Blütenfreude zu zermalmen.

Warum erschreckt mich so der Blumen Not,
daß ich mich kann der Tränen nicht erwehren?
Es ist doch Lauf der Welt! Der Kampf ums Brot
wird wohl noch manchen Blütentraum zerstören.

Sturmglocken

Deine Zaubermelodien
stürmen jubelnd durch den Raum,
und ich lausche – atme kaum,
fiebernd meine Wangen glühen.

Wonnigtief durchschauerts mich,
fühls in meinen Schläfen hämmern,
ich versink in süßes Dämmern
und ich seh nur dich.

Jetzt hast du das Spiel geendet,
zitternd lehn ich mich zurück
und ich seh der Freundin Blick,
wie im Spott auf mich gewendet.

Bin ja selbst so tief erschrocken
über deiner Töne Macht,
die die Sehnsucht mir entfacht,
laut und wild wie Sturmesglocken.

Abschied

Der Sommer denkt ans Scheiden,
die Ährenfelder werden leer.
Sag, warum wird uns beiden
das Abschiednehmen gar so schwer?

Wie einen Schleier streifen
wir ab den zarten Sommertraum:
Nicht alle Blüten reifen
zu goldner Frucht am Lebensbaum.

Laß sich die Hände finden
zum letzten Druck in stummer Pein:
Wir wollen überwinden!
Wir werden nie ganz einsam sein.

Türmen sich tausend Schranken
und trennen uns auch weltenweit:
Uns bindet heißes Danken
für eines Sommers Seligkeit.

Ballade

Aus dem Heidhof zog das Lachen fort.
„Kein Erbe dem Hof. Der Stamm verdorrt."
Hart peitschte des Bauern grollendes Wort
die zarte, blonde Lore.

Sie geht noch einmal durchs traute Haus
und dann in die Maiennacht hinaus.
Sie pflückte den letzten duftenden Strauß
vom Flieder am Gartentore.

„Der du meine Liebe ewig hast,
ich löse dich selbst von der schweren Last.
Im nahen Weiher winkt tiefe Rast,
verheißend flüsterts im Rohre."

Das Opfer der Liebe – es ist vollbracht.
Geheimnisvoll atmet die Frühlingsnacht.
Ein leuchtender Funke löst sich sacht
aus schimmerndem Sternenchore.

Regentag

Ein Regentag nach heißen Erntewochen
löste mir sacht die schweren Arbeitsschuhe,
hat allem Mühen sanft ein Halt gesprochen.

Ich atme tief das wundersame Säumen
und grüße froh die fast entwöhnte Ruhe.
Laßt sie mir doch – ein Stündchen Zeit zum Träumen.

Traumhafte Stille. – Lausch' dem Tropfenreigen.
Es ist, als ob die Rosen dunkler glühen.
Kein Werktagslärm zerreißt das große
Schweigen.

Nur hinterm Zaun, wo weiße Winden blühen,
hört man ein übermütig Grillchen geigen,
als wollt es all sein Daseinsglück versprühen.

Es geht ein Klang durchs stete Regenrinnen,
ein Sang so stark und keusch von Wunsch und
Spende.
Dringt er zu dir? Dich sucht mein tiefstes Sinnen.

Wie ich mein ganzes Sein an dich verschwende,
so lenkst du unbewußt all mein Beginnen.
O, daß ich doch zu deiner Seele fände!

Es war in ruhloser Nacht,
da ist mir im Traum ein Erkennen gereift;
da fühlte ich: Jetzt hat ihn das Leid gestreift,
und zitternd bin ich erwacht.
Erschüttert sann ich dem Traume nach. -
Grausam bejahte ihn dann der Tag.

Mutter, du seligstes Wort.
Du immer nur spendende Liebesgestalt.
Entwurzelter Seelen verstehender Halt.
Du tröstlicher Zufluchtsort. -

Es war Gottnähe, die mich umfing,
als seine Mutter zum Sterben ging.

Vision

Nachtschatten huschten durch den Raum,
vom fahlen Mondlicht aufgescheuscht,
als sich ein wundersamer Traum
mitleidig über mich gebeugt.
Du warst bei mir und Deine Hand
strich kosend über mein Gesicht,
da war der Schmerz wie fortgebannt.
Ich fühlte Deine Lippen dicht
an meinem Mund – o Seligkeit!
Dann bin ich zitternd aufgewacht. -
Mein Schicksal Du in Ewigkeit,
hast Du heut nacht an mich gedacht?

Durch die Sommernachtstille
schwebt einer Geige Klang,
der ihre Saiten rühret,
dem ist das Herz so krank.

Unter den suchenden Händen
Saite um Saite erklingt.
Ob sie das Lied nicht fänden,
das ihm Vergessen bringt?

Leise rauscht's in den Bäumen
und des Silbermonds Strahl
findet von Frühlingsrträumen
übriggebliebene Qual.

Durch die Sommernachtstille
schwebt einer Geige Klang.
Der ihre Saiten rühret,
dem ist das Herz so krank.-

Der Tag versank mit seinem Hasten,
das laute Treiben ging zur Ruh.
Doch tief in mir wacht noch ein Tasten,
windet sich scheu aus Erdenlasten
und flüchtet seinem Sterne zu.

Ich weiß, ich kann ihn nie erfassen,
und doch wärmt mich sein ferner Schein;
er hebt mich über Welt und Hassen,
und würde er einmal verblassen:
Ich müßte todestraurig sein.

Müde, schluchzende Klagen,
vom Sommerwind getragen
schweben in meine Ruh!
Unter Blütengehängen,
bei deiner Zither Klängen
weltenfern träumest du.

Und deine Hände gleiten
bald kosend über die Saiten
wie zärtliche Träumerei.
Bald wird das süße Tönen
zu einem dumpfen Stöhnen,
bald wild wie ein Sehnsuchtsschrei.

Leiser wird jetzt das Singen-
Verirrte Töne nur klingen
wie wehes, müdes - Vorbei. -
Plötzlich durchzittert die Stille
ein Laut von seltsamer Schrille.
Sprang eine Saite entzwei?

Ein Sommernachtstraum

Über die blühende Heide senkt sich die Juninacht,
alle Alltagsgedanken sind zur Ruhe gebracht,
alle kleinen Sorgen sind stumm.
Heiliger Gottesodem weht.
Durch den träumenden Frühling geht
nur noch die Sehnsucht um.

Kommt auch zu mir ans Fenster, leicht wie ein
Hauch ist ihr Schritt,
faßt meine beiden Hände und nimmt mich mit!
Über schlummerndes Land geht der Weg.
Bangen und Tränen seh ich genug;
Städte und Dörfer enteilen im Flug,
Ströme, Brücken und Steg.

In einem fremden Lande machen wir endlich Rast.
Auf einem Trümmerhaufen hockt ein knöcherner
Gast.
Bleich und höhnisch ist sein Gesicht,
stiert mit grinsendem Schweigen
in einem Totenreigen,
in einem Völkergericht.

„Ha! Wie reich ist die Ernte," johlt er im lüsternen
Schaun.
Über zerstampfte Schollen wälzt sich das Schlachten-
graun.
Zersplitterte Pappeln sehn trauernd zu.
Krachen und Bersten, Ächzen und Blut,

Schmerzen und Fluchen, Heimweh und Wut.
Und mitten dazwischen – Du!

Leise und zärtlich hat dich meine Sehnsucht
geküßt.
Liebster, du mußt es ja fühlen, daß sie jetzt bei dir ist!
Daß sie schützend die Hand auf dich legt,
daß sie mit Himmel und Hölle ringt,
bis das schaurige Lied verklingt
und das Grausen vorüberfegt.

Über die zitternde Erde senkt sich die Juninacht.
Alles Stürmen und Streiten ist zur Ruhe gebracht,
Alles Quälen und Kämpfen ist aus.-
Ob heimlich ein Beben vorüberschlich? -
Einmal noch streichelt mein Sehnen dich
und wandert dann betend nach Haus.

Herbst

Auf allen Sträuchern liegt's wie Silberschein,
noch hüllt den Morgen weißer Nebel ein,
aber darüber ist die Sonne.
Ein Herbsttag wird es wunderbar,
so sonnengolden, so wellenklar,
fühlst du die herbe Wonne?

Komm, laß uns wandern durchs weite Land
zum letzten Mal im weißen Gewand.
Komm, ehe die Wunder entfliehen.
Spürst du nicht auch den schweren, herben,
wehen, heimlichen Hauch vom Sterben?
Siehst du das letzte Blühen?

Letzter Glanz

Noch strömen Sonnengluten
in den lichttrunkenen Tag,
und doch muß er verbluten
nach einem Stundenschlag.

Noch trinke ich dein Lachen
wie dunklen Feuerwein.
Das Morgen wird erwachen,
dann bin ich ganz allein.

Schmerzt tief im Herzensgrunde
herben Verzichtens Pein:
Das Leuchten dieser Stunde
wird immer bei mir sein!

Abendglühen

Der Abend zog friedlich ins Dörfchen ein,
es lohten die Pappeln im Spätrotschein.
Im stillen Winkel am Tor
sitzt eine auf moosiger Giebelbank
und schickt ein Fragen, so heiß und bang,
zum Abendhimmel empor:
Sag an, du lieblicher Abendschein,
sahst du den Herzallerliebsten mein
mit den Augen so sonnig und klar?
Dem ich mein ganzes Herz geschenkt,
weißt du nicht, ob er noch an mich denkt,
der mit dem blonden Haar?

Und weit, weit weg auf einsamem Feld
nach wilder, rasender Schlacht
neigt sich zum Sterben ein junger Held
vom Glorienschein das Antlitz erhellt –
die Lippen beben ganz sacht:
Ich bitte dich, lieblicher Abendschein,
eile noch einmal zum Dorfe mein,
mit deinem himmlischen Rot!
Grüße noch einmal die Giebelbank,
küsse noch einmal mein Mädel schlank,
leuchte mir dann – zum – Tod.

Gebet

Hörst du die Tauerglocken weinen
das kleine, liebe Dorf entlang?
Schon wieder zittern sie um Einen,
der aus den stolzen Reihen sank.

Mir haben sie ins Herz geläutet
zum alten Bangen neue Pein;
auf meine karge Hoffnung breitet
sich meiner Wehmut Dämmerschein.

Schicksal, du stürmischer Geselle,
vertreib die schwarze Wolkenwand
und mach es wieder sonnenhelle
in eines jeden Vaterland!

Einer Trauernden

Jes. 66 v. 13

Weißt du, was heilsam ist nach dunklem Leid,
wenn noch die Seele zittert vom Erschrecken,
wenn sie sich will vor fremdem Blick verstecken?
Ein Gang in Gottes Schöpferherrlichkeit.

Durchwandre nur ein goldnes Halmenfeld,
und laß die reichen Ähren zu dir sprechen,
dann fühlst du Stück für Stück den Gram
zerbrechen,
siehst, wie dein Sorgenbau zusammenfällt.

Ein weißes Blümchen spricht trotz Straßenstaub
vom Kinderglauben und vom reinen Leben,
Als wollt's aufs neu die Gottverheißung geben,
so machtvoll rinnt ein Flüstern durch das Laub:

„Ich will dich trösten, wie's die Mutter tut!
Noch jedes kranke Kind hat Trost gefunden,
und deine Seele sollte nicht gesunden?
Komm, lege sie getrost in meine Hut.

Gib mir dein Leid. Dann spürst du bald die Kraft
die überwindet; bald fühlst du die Wendung.
Ich bin dein Gott, Erfüllung und Vollendung!
Ich bin die Hand, die sichre Heilung schafft!

Du suchst und suchst und wirst doch nimmer frei,
und all dein töricht Mühen ist vergebens.
Ich zeige dir den wahren Wert des Lebens
und lehre dich, daß Leiden – Läuterung sei."

Zum Totensonntag

Über tausend Klagen lacht
klar und kalt der Wintersonne Licht,
und an tausend Gräbern wacht
treue Liebe, nur an deinem nicht.

Einsam liegt's im fremden Land.
Keiner weint an deinem letzten Haus,
keine weiche Mutterhand
windet dir den Totensonntagsstrauß.

Herzblutrote Blüten fand
ich für dich am Weg im Abendglühn –
Müde welken sie im Sand;
Ach, ich kann nicht zu dir hin!

Doch ein Heilandskreuz steht auch
auf dem ärmsten, fernsten Heldengrab.
Flüsternd trägt der Abendhauch
treue Heimatgrüße dir hinab.

Meiner Sehnsucht Wallfahrtsort,
wenn den Weg durchs Leben sie verliert.
O, wie gerne wär' sie dort,
wo sie deines Geistes Nähe spürt!

Andacht

Weißt du, woher meine Lieder kamen?
Sie brachen jäh aus verborgenen Tiefen
und formten sich willig zum plätschernden Strom,
das war, als ob silberne Glocken riefen
zur heiligen Andacht im Herzensdom.
Dein Bild erstrahlt von lichten Altären,
weltfern, anbetend knie ich davor –
wird es mir je Erlösung gewähren?
Ich lausche bebend dem jubelnden Chor
und jeder Herzschlag jauchzt deinen Namen
und meine Liebe flüstert das Amen.

November

Heut bin ich fröstelnd durch den Herbst
gegangen.
Schwermütig, bleiern kroch der graue Tag
durch Busch und Baum. Wo war das frohe
Prangen,
das gestern noch auf allen Wegen lag?

Verscheuchter Krähen Klagetöne hallen
schrill krächzend über düstres Stoppelland.
Ein letztes dürres Blättchen streift im Fallen
wie hilfesuchend zärtlich meine Hand.

Du kleines Blatt, ich kann dich auch nicht halten.
Ich bin ja selbst ein wegemüder Gast.
„Das Gras verdorrt!" So will's das große Walten.
Einst endet alles: Daseinsleid und –last,
und in des weichen dunklen Mantels Falten
barmherziger Erde winkt uns süße Rast!

Wildgänse suchen schreiend bess're Fernen,
ein Falter hängt erstarrt im Weingerank,
schüchtern erstirbt ein zarter Meisensang
und Menschen müssen Abschiednehmen lernen.

Kommt der Herbst ins Land,
hört man scheu von Abschied sprechen,
leise bebt die Hand,
die den letzten Strauß will brechen.

Heimweh faßt uns an,
und das Herz fragt seltsam bange:
Hab ich recht getan
in der Freude Überschwange?

Kommt der Herbst ins Land
strömt's wie Ruhe aus den Tagen.
Wem ein Glück entschwand,
lernt im Herbst erst ganz entsagen.

Auch dem Menschenkind
ist ein stiller Herbst beschieden.
Wohl dem, das gewinnt
noch im Herbst den innern Frieden!

Du

Du bist für mich die Quelle meiner Kraft.
Aus deinem Frohsinn strömt mir das Gesunden.
Und erst in dir hab ich mich ganz gefunden,
durch dich zum Lebenswillen aufgerafft.

Und wenn ich dich dafür nun lieben muß,
wie ein Geschöpf den stolzen Schöpfer liebt,
so ist das meines Schicksals Machtbeschluß,
aus dem es nie mehr ein Entrinnen gibt.

Ich hab dich lieb und ich gehöre dir.
Du, du darfst lachend wieder mich zerbrechen,
all meinem Glück das Todesurteil sprechen -
ich nehme es still: Es kommt ja auch von dir.

Wo blieb mein Stolz? Die Liebe kennt ihn nicht.
Zerrt auch die Welt mein Bild in Schmutz und Staub,
den bösen Zungen ein willkommner Raub –
ich hab dich lieb! Was schert mich ihr Gericht?

Du bist mein Gott, bist Herr in meiner Welt.
Du! Laß mich den geliebten Namen flüstern,
bis mich die letzten Schatten mild umdüstern
und alle Erdenschwere von mir fällt.

Bußtag

Vor meiner Kammer singt der Wintersturm;
in allen Winkeln hockt die Dämmerung
und im Gebälk pocht hart der Totenwurm.
Was mahnst du mich? Ich bin doch noch so jung!

Noch fleh ich um des Lebens höchsten Lohn,
noch greif ich taumelnd nach dem vollen Krug,
den ich ersehnt in öder Jahre Fron.

Ich sehne mich nach einer reinen Liebe,
die mich erfüllen möchte groß und ganz,
wenn mir auch danach ew'ger Bußtag bliebe.

Heute find ich weder Ruh noch Rast,
wie ein Schatten treibt's mich hin und her,
renne weit ins Feld in toller Hast,
sind die Füße mir auch noch so schwer.

Schwarze Wolken wälzt der Wintersturm
durch die Welt. Der alte Nußbaum ächzt
wie in Qual, und hoch vom grauen Turm
höhnisch heiser eine Eule krächzt.

Wenn die Stunde erst vorüber wär!
Niemals währte mir ihr Lauf so lang!
Warum ist's mir in der Brust so leer,
wo doch sonst das Silberglöckchen klang?

Meine Sehnsucht ist ja nicht zu Haus.
Wie ein Vampir klammert sie sich an,
trinkt ihm seiner Seele Frieden aus,
daß sie nimmer wieder froh sein kann,

Oktober 1915

Mich hat ein Leid getroffen,
ein tiefes, tiefes Leid.
Vorbei ist alles Hoffen -
nun kommt die Einsamkeit.

Ein feiner Nieselregen
weint über Berg und Tal;
auf weltenfernen Wegen
irr ich in stummer Qual.

Wie hart das Trauerläuten
in meine Seele dringt
und dann in düstern Weiten
als Sehnsuchtsschrei verklingt!

Kein Sternlein seh ich scheinen
in meine Not hinein - - -
O, könnt ich weinen, weinen!
O, könnt ich bei dir sein!

Teilt jetzt den Nebelschleier
nicht eine kleine Hand?
Winkt dort nicht Schwert und Leier
aus grauer Wolkenwand?

Ich fühl mein Herz erschauern:
War das ein Gruß von dir?- -
Nun will ich nicht mehr trauern,
du bist ja doch bei mir!

Ich möchte schlafen - -

Mein Herz ist müde. Wie ein kleines Kind
weint es nach Ruh, und kann sie doch nicht finden,
weil's plötzlich sah sein ganzes Glück
entschwinden
und seinen Traum verwehn im Sommerwind.
Es war der Traum, den alle einmal träumen.
Mit rauhem Griff zerstörte ihn das Leben.
Ich bin ihm gram und seinem finstern Weben,
wie Hohn lacht mich das Frühlingsblühen an.
Ich will nun nichts mehr sehn, ich möchte
schlafen,
ich sehne mich nach einem fernen Hafen,
wo meine Seele endlich ruhen kann.

Nun sind mir die Tage so kalt und leer.
Ich hör dein herziges Lachen nicht mehr
und trinke nicht mehr den strahlenden Blick
deiner Sonnenaugen. Kurz war das Glück
und karg bemessen die Freude.

Die lachende Lebensfreude warst du!
Nun singt dich der Schlachtenchoral zur Ruh;
ich warte umsonst auf ein einziges Wort –
der Herbststurm trägt kichernd dein Lachen fort
und zerrt wie zum Spott mir am Kleide.

Dumpf über das Feld zittert Unkenschrei:
„Das Glück ist gestorben, der Traum vorbei!"
Nicht wärmt mich mehr deiner Stimme Klang,
mich friert ja so, und der Weg ist so lang –
ich bin so müde vom Leide!

Die Zeit fliegt mit langsamen Flügelschlag,
es kommt ein neuer, trostloser Tag,
und wird auch im Kampf mir das Hirn verwirrt,
mein heißestes, reinstes Gedenken irrt
zum Hügel auf ferner Heide. –

1915

Todmüde lehn ich am Fensterkreuz
und seh in die tobende Nacht hinein.
So finster und sternlos wie diese Nacht,
so wild zerrissen, so sturmdurchjagt
wird nun mein Leben sein.

Was mir die Seele erschauern macht,
ist's Wahnsinn, ist's Liebe, ist's Gottes Näh?
„Ich lasse dich nicht, o segne mich du!
Zwinge das wilde Sehnen zur Ruh,
banne das tiefe Weh!"

„O, halte die Hände über ihm
du, der du Anfang und Ende bist!
Wenn er am tiefinnersten Selbst verzagt,
wenn ihn das wehe Suchen zernagt,
und wenn er einsam ist!"

Ich bin allein

Ich bin allein in der Unendlichkeit.
Weit hinter mir verklingt des Lebens Lied,
und unter mir verrauscht das Meer der Zeit.

So frei, so losgelöst ist mein Gemüt
von allem Weh. Wie Nebel fällt es ab
vom Herzen, das noch jüngst im Leid geglüht.

Und meinen Träumen wird ein stilles Grab.
Ein letztes Grüßen flammt der Abendstern,
dann – ohne Trauern – sinken sie hinab.

Der euch zum Leben rief, der ist nun fern.
Der meinen Tagen Licht und Sonne gab,
er ging zur Ruhe und ihr folgt ihm gern.

Ich bin nun wunschlos, wie ich's vorher war.
Sacht glättet sich das aufgeregte Meer.
aus seiner Tiefe strahlt es hell und klar.

Vom Dörfchen klingt die Abendglocke her.
Stolz, majestätisch liegt des Himmels Bau
wie eine Kuppel überm Weltaltar.

Gleich Engelsflügeln schwebt der Abendtau.
Ein frommes Ahnen weitet mir die Brust:
Des Ewigen Allmacht wird mir offenbar;
und meine eigene Schwachheit voll bewußt.

Wie klein, wie nichtig dünkt mich nun mein Leid!
Was ist des Menschen Qual und Lust?
Ein Hauch, ein Schatten von der Ewigkeit.

Min Muttchen

Ich hab ein liebes Mütterlein,
das beste im ganzen Land.
Sein Auge hat so tiefen Schein –
es hat die Tränen gekannt.
War ich vom tollen Spielen matt,
dann strich es mir die Zöpfe glatt
mit der wunderweichen Hand.

Mein Mütterlein, ich komme zu dir,
mir ist das Herz so schwer.
Mein junges Glück ging ja von mir
und kommt nun nimmermehr.
Müd' bin ich wie ein welkes Blatt.
Nun streiche mir die Stirne glatt,
dann schmerzt es nicht so sehr.

Februar

Auf dem lilienweißen Schnee
fällt das Licht durch hohe Fenstergitter.
In dem Saale zwischen Tand und Flitter
zuckt mein Herz in tiefem Weh.

Tanz und Taumel um mich her,
Lebensdurst, von Leichtsinn hold umflutet.
Lächeln müssen, wenn das Herz auch blutet,
zitternd scherzen – das ist schwer.

Denn aus tollem Faschingstrug
traf mich fordernd, stolz dein stummes Nicken.
Nein, ich darf nicht nach der Sonne blicken!
Laß mich, ich trag Leid genug!

Seit ich deinen Blick gefühlt,
möcht ich aus dem lauten Wirbel fliehen,
in den reinen, weißen Schnee mich knieen,
daß er mir die Stirne kühlt.

Nun sankst auch du in Nacht und Tod
für unsre große deutsche Not.
Der lebensfrohe Blütenkranz
fiel ab im wilden Totentanz
und liegt am Wegesrande.

„Hurra das Leben!" war dein Lied,
das sang in jeder Zeile mit,
das jubelte aus jedem Wort.
Nun ist dein Lebensbaum verdorrt
im großen Weltenbrande.

Was schaut ihr mich immer
so fragend an?
Ein Traum sank in Trümmer –
was liegt daran?

Wozu denn noch wühlen
in Staub und Schutt?
Ihr könnt ja nicht fühlen,
wie weh das tut.

Viel Glück muß ja sterben,
so süß es auch sei.
O, laßt mir die Scherben
und geht vorbei!

Winter

Mürrisch steigt der Wintertag
aus den grauen Wolkenkissen.
und ein Heer von Kümmernissen
wird schon wieder mit ihm wach.

Wollt ihr auch im neuen Jahr
wieder mich todmüde hetzen
mit den grauen Dämmerfetzen
vom Erinnerungsaltar?

Nein, ich bin nicht euer Knecht,
dem ihr dürft den Tag erschweren,
und ich will mich tapfer wehren,
bis ihr mir das „Gnade" sprecht.

Rosenzeit

„Hab einmal nur zur Rosenzeit
ein Glück, ein so wonniges Glück geschaut."
So, glaub ich, war des Liedes Laut,
das neu aufwühlte altes Leid.
Das all die Qualen ließ erstehn,
die ich verschwunden schon gemeint.
Das die Erinnerung weckte auf
ans Glück, das ich für tot beweint.
Das Glück ist tot. Gifttrank ward ihm gebraut.
Nur kurze Wonnezeit hab ich's besessen
das Glück, das ich zur Rosenzeit geschaut.

Zuweilen schleicht in der Dämmerung
die alte Sehnsucht an mich heran.
Vernarbte Wunden brechen auf
und fangen von neuem zu bluten an.
Und alles, was längst ich tot geglaubt,
durchwühlt und durchzittert mein ganzes Sein,
ich press' in die Hände das müde Haupt
und winde mich in unsäglicher Pein,
und halte die brennenden Augen zu:
Ich will nicht sehen, wie einsam ich bin!
Ach, meine mühsam errungene Ruh
sinkt in einer solchen Stunde dahin.

Vorsatz

Der Kampf um Sonne ist nun ausgestritten.
Das Schicksal hat ein kurzes Wort gesprochen,
die Brücken hinter mir sind abgebrochen –
still bin ich meinen dunkeln Weg geschritten.

Vom frohen Schaffen hab ich reden hören.
Ich will ja auch an seinen Segen glauben,
an ihm mich wieder in die Höhe schrauben,
mit ihm die graue Einsamkeit beschwören!

Ich will – das Eine bitt' ich mir nur aus –
in stiller Stunde still ein Grab mir machen.
Da ruht sich dann mein junges Wünschen aus.
Und ich – will wieder arbeiten und lachen.

Der Tag hat mich so müde gemacht.
Vergessen hat er mir nicht gebracht.
Ein letztes Denken noch: Du, nur Du!
Dann fallen mir schwer die Lider zu.

Doch durch der Träume Schleiertuch
grüßt mich dein Bild. O, Sinnestrug!
Nie wird es sel'ge Wahrheit sein.
Ich bin allein, ich bin allein.

Purpurne Tore baut das Abendrot.
Liegt wohl dahinter der ewigen Sehnsucht Land?
Seele, wer weist dir den Weg aus deiner
Suchernot?
Winkt dir nirgends die rettende Führerhand?

Dunkle Macht, die so zwingend nach mir greift,
unsichtbar, aus unergründlichem All,
bringst du deshalb mich immer wieder zu Fall,
daß in Ringen und Kampf meine Seele erst reift?

Heimweh peitscht zu ruhloser Wanderschaft.
Fern ist das Ziel, klaffender Abgrund droht.
Erleuchte meinen Weg durch deines Geistes Kraft,
hilf mir, hilf meiner einsamen Suchernot!

Sternschnuppen

Klirrend kalt ist die Winternacht,
der Schnee knirscht unter den Schritten.
Aus der leuchtenden Sternenpracht
ist jäh ein Funke geglitten.

„Schnell einen Wunsch!" O, du träumender Tor,
glaubst wohl der alten Sage,
daß vom ewigen Sternenchor
dich das Schicksal befrage?

Manchen Stern, manche Seligkeit
sahst du ins Nichts zerstieben.
Doch das Wunderland ist dir weit
und unerreichbar geblieben.

Einsam stehn die weißgedeckten Tische.
Still und heimlich ist's um diese Stunde.
Nur ein Page in der Fensternische
liest versonnen eine frohe Kunde.
Klingend schlägt die Wanduhr plötzlich Vier.
Meine Augen irren nach der Tür.
Durch die Seele rast ein heißes Beten,
unwillkürlich falten sich die Hände.
Wird der Eine jetzt ins Zimmer treten?
Hat dann alles Sehnen jäh ein Ende?
Und das Warten, das mich fast zerbricht?
Öffnen sich die Sonnentore nicht? –
Längst schon schlich die Sonne aus dem Raum.
Leise löscht die Dämmerung den Traum.

Februarsonne

Schüchtern schiebt die Sonne ihre Strahlen
durch den duftigen Behang ins Zimmer.
Über Bücher, Gläser, Blumenschalen
huscht ihr warmer, hoffnungsvoller Schimmer.

Zärtlich streicheln sie die weißen Dielen,
ruhn dann auf des alten Lehnstuhls Kissen,
küssen sacht ein Bild im scheuen Spielen,
ob sie gar um mein Geheimnis wissen?

Daß ich Sonnenfunken eingefangen
einer reichen Seele aus dem Vollen
die mir, wenn der Tag auch längst vergangen,
noch in meine Träume leuchten sollen.

Dörfliche Nacht

So schwer und schwül ist die Julinacht.
Es duftet nach Beigras und Inkarnat,
in finsteren Weiten grollt es sacht,
Fernwetterleuchten huscht über den Pfad.
Ein Windstoß schüttelt den fruchtschweren Dorn,
daß zitternd der Fink sich im Nest versteckt,
die Grillen nur zirpen im hohen Korn
ein Lied, das die Sehnsucht weckt.
Sie hockte verträumt am grünen Tor
Und irrt nun ruhelos durch den Ort.
Jungmädchenlachen streichelt mein Ohr,
zwei Wanderburschen ziehn singend fort.
Noch lange flattert ihr Lied herein,
ein Sang, der so seltsam müde macht.
Die Dorfuhr fällt klingend ein
und kündet Mitternacht.

Heilig ist das Leid.

Goldne Reifen legt es um die Stirnen
seiner Auserwählten,
und aus tränendunklen Zwirnen
webt das Schicksal stumm ihr Königskleid.
Die in tiefster Seelennot sich quälten
stehn einsam auf Überwinderhöhen.
Menschenhaß und –trug erreicht sie nicht;
denn in Kampfesnächten, ungezählten,
wo das letzte Hoffen fast zerbricht,
fanden ringend sie ihr Auferstehen.
Heilig ist das Leid.
Klopfet nicht mit Lästerworten
an die stillen Tempelpforten,
gönnt ihm seine Einsamkeit!

Wegwarte

Ich will getrost am Wege warten,
lebe und lache du nur fort,
bis auch in deinem Herzensgarten
vom Lebenssturm, dem heißen harten,
das letzte Blümlein ist verdorrt.

Dann wirst du kommen und mich finden,
wirst suchen meine müde Hand,
mich des unseligen Worts entbinden;
erst wenn dir alle Freuden schwinden
erst dann hast du mich ganz erkannt.

Ich will auf dich am Wege warten,
bis du des Lachens müde bist;
bis alles Glück, das wir erharrten
und alle Träume , die uns narrten
verwest und du ganz einsam bist.

Ich schritt durch deiner Räume steife Pracht.
Mich fror darin. Dein junges Lachen fehlte,
das sie mit warmem Lebenshauch beseelte.
Voll Weh hab deiner Tage ich gedacht.

Vergebens sucht ich jede Sonnenspur,
und wie im Traum vernahm ich leere Worte.
Wie mußt du einsam sein an einem Orte
wo man so friert! O sag', wie trägst du's nur?

Ich ging hinaus. Der Maitag lockte warm;
ich mußte bebend beide Arme breiten,
in Sonnenglut die Seele wieder weiten.
Wie bist du doch trotz allen Scheins so arm!

Fiebertraum

Durch die kleinen Fensterscheiben
lugt der letzte Frühlingsmond.
Könnt er doch die Qual vertreiben,
die mich keine Nacht verschont,
die mit wirren Fieberbränden
drohend meine Stirne streift
und mit scheuen Sehnsuchtshänden
flehend mir zum Herze greift.
Tragt die Rosen aus dem Zimmer!
Ihre Glut verwirrt mich, ach,
und ihr Duften ruft nur immer
neuen Lebenshunger wach.
Ich bin müde, o so müde,
in den Pappeln stöhnt der Wind,
sucht nach einem Schlummerliede
für ein heimwehkrankes Kind.
Löst sich nicht aus Traum und Dämmern
die geliebteste Gestalt?
Härter meine Pulse hämmern,
diese Glut verzehrt mich bald.
Leg mir deine kühlen Hände
auf die heiße Stirne hin.
Laß mich wissen ohne Ende,
daß ich endlich bei dir bin.

Reue

Was hab' ich einst in blindem Wahn getan!
Nun bist du fort und ich bin ganz allein,
und immer lauter klagt mein Herz mich an,
das jene Stunde nicht vergessen kann.
Wo du warst mein.

Die ganze Erde strahlt im Maiengrün.
Inmitten all der Pracht bin ich allein.
Da wandert meine Sehnsucht zu dir hin
und fleht und bittet dich, mit ihr zu ziehn.
Sei wieder mein!

Nun kommt die düfteschwere Frühlingsnacht,
nach langem Weinen schlaf ich endlich ein,
dann träume ich von dir so süß und sacht,
daß meine Sehnsucht dich hätt' wiederbracht.
Und du wärst mein!

Passion

Aus den hohen Kirchentüren fällt
in die Dämmerung matten Lichtes Schein;
müd von Tag und Menschen trat ich ein,
und weit hinter mir versinkt die Welt.
Hier in diesen gottgeweihten Hallen
dürfen alle Erdenschranken fallen.

Orgelspiel. Ein jubelnder Akkord
wie ein Ruf zu fernem Wunderland.
Unter einer feinen Meisterhand
wird der Orgelton zum Gotteswort.
Was ich sonst in Qual mir selbst verhehle,
stürmt erlösend über meine Seele.

Ja, ich opfre Einem neben Dir,
großer Dulder, Du am Kreuz, vergib!
Hab den einen Menschen ja so lieb
und nur hier bei Dir gehört er mir.
Wenn die Welt mir alle Kraft genommen,
dann, Ihr beide, laßt mich zu Euch kommen.

Leidgekrönter, den die Welt verdammt,
du kannst alle Menschennot verstehn.
Müßte ich nach Golgatha mitgehn,
stürbe dennoch nicht, was in mir flammt.
Sollt' ich auch den Kelch zur Neige leeren -
nimmer könnt ich meiner Sehnsucht wehren.

Johannisnacht

Glutrote Nelken gießen ihren zarten
Dufthauch betäubend in die Juninacht.
Johanniszauber schreitet durch den Garten,
übt sinnverwirrend seine ganze Macht.
Johannisfeuer glüht aus Rosenranken,
auf die der Vollmond goldne Funken tropft.
Johanniszauber meistert die Gedanken,
daß mir das Herz fast zum Zerspringen klopft.

O, könnt ich doch der dunklen Sehnsucht wehren,
die meinen Mund wie scheue Küsse trifft!
Sie will mir meine Tage nur erschweren,
und meinen Nächten ist sie süßes Gift.
Dennoch muß ich die Schale wieder leeren,
voll wirren Hoffens, das so elend macht.
Und mich in Wahn und Warten fast verzehren
nach einem Wunder der Johannisnacht.

Resignation

Es ist zu spät, daß du dein Herz mir bringst.
Kehr wieder um, ich bin nun müd und krank.
Kehr wieder um, du säumtest gar zu lang.
Und ob du weinend mich hinüberwinkst
ins goldne Märchenland – ich will nicht mehr,
mich schmerzt der Kopf, das Herz ist mir so leer.
seit du nach kurzen Wonnen von mir gingst.
Einst hab ich bang auf deinen Schritt gelauscht,
ob du nicht doch bereuend wiederkämst
und lachend allen Kummer von mir nähmst.
Das ist vorbei. Die Rollen sind vertauscht.
Nun leidest du. Wohl schmerzt mich deine Pein,
es ist zu spät. Wir werden einsam sein,
weil einst das Glück an uns vorbeigerauscht.

Flucht

Ich habe vom Glücksquell getrunken,
so wundergut und rein
und trug mir Sonnenfunken
in graue Stunden hinein.

Will mich der Alltag erdrücken
mit seiner harten Hand,
es führen heimliche Brücken
ins goldene Wunderland.

Ich fliehe mit meinen Träumen
in meine eigene Welt,
dort kann ich ruhevoll säumen,
wie auch die Meute bellt.

Totensonntag

Schwarze Wolken flattern wieder
um den Turm.
Irre, tolle Wanderlieder
jauchzt der Sturm,
daß die alten Pappeln stöhnen
wie in Not:
Ist denn Sterben alles Schönen
Herbstgebot?
Ja, doch ahn' ich Morgenhelle
und sie schafft
aus Gestorbenen mir die Quelle
neuer Kraft.

Dezembernacht

Das Dörfchen liegt verträumt in Winterrast.
Der Wächter stapft durch schneeverwehte Wege.
Im Giebelstübchen ist in froher Hast
noch eine Mutter für das Christfest rege.

Ein Käuzchen kichert vom reifschweren Ast.
Sacht geht die weiße Mondnacht durch die Gassen.
Mir ist, als ob ganz heimlich Müh und Last
in diesem Frieden meine Brust verlassen.

Was sie in heimwehbanger Nacht gequält,
sie tief durchschauert in Verzweiflungsstunden
heut ist's verstummt. Der Weihnachtsstern erzählt
von Menschensehnsucht, die ihr Ziel gefunden.

Und hüllst du dich in Schnee und Eis,
mich täuschst du nimmermehr.
Dich engt der Alltag, und ich weiß:
Dein Herz schlägt jung und wild und heiß
und Fesseln lasten schwer.

Dein Herz muß kämpfen, weil es lebt.
O wär es stark genug,
daß es sich aus dem Staub erhebt,
daß es der Alltag nicht begräbt:
Wagst du den Sonnenflug?

Mainacht

Des Maienmondes Silberfunken gleiten
gleich scheuen Füßen auf verschwieg'nen Wegen,
als gingen sie zu Liebesseligkeiten,
und blütenschwere Kirschbaumzweige breiten
die weißen Arme sehnend ihm entgegen.
Du kühler Freund aus wunscherlösten Weiten,
ich möchte flehend dir den Weg versperren.
Was willst du suchend durch mein Stübchen schrei-
ten,
was willst du meine großen Einsamkeiten
so mitleidslos aus ihrem Winkel zerren?
Laß mir mein Leid, mein wehes Glücksverlangen.
Es tut nicht gut , es aus dem Schlaf zu stören.
So mühsam ist es erst zur Ruh gegangen –
war's nicht, als ob jetzt leise Schritte klangen?
Nein, nein, wozu mit Hoffen sich betören!
Ich darf ja nicht den Ruf der Mainacht hören.

Genesung

Süßes Erwachen nach dunklem Traum,
klang nicht dein Lachen noch durch den Raum?
Lenzlüfte fluten lind ins Gemach,
in Sonnengluten grüßt mich der Tag.
Weit winkt des Lebens offenes Tor,
voll heißen Strebens knie ich davor.
Hörst du mich flehn hier im Bußgewand?
Weise den Weg mir ins Wunderland!
Du kannst entfachen schlummernde Glut,
lehre mich lachen und alles wird gut.
Was soll das Kranken? Zerbrich mein Leid!
Ich will dirs danken in Ewigkeit.

Monolog am Mittag eines Lebens

Im Dörfchen an der letzten Wegeswende,
dort, wo sie den verträumten Winkel bildet,
von alten, hohen Pappeln stolz umschildet,
weiß ich ein Häuschen. Seine weißen Wände
sehn freundlich durch die tief gesenkten Zweige
des alten Nußbaums, die wie lichte Hände
das traute, rote Dach ihm freundlich streicheln.
Hier trank ich lichte Kindheit bis zur Neige
aus Mutterhänden, weichen liebevollen.
Hier wars, wo mir die Augen überquollen
vom ersten Leid, das mir das Leben brachte;
hier fühlte ich des Schicksals erstes Grollen,
als ich die dunkle Herbstnacht bang durchwachte.
Einsame Jahre kamen, leiddurchzittert
und ruhelos, bis ich mit hartem Wollen
das heiße, sehnsuchtsvolle Herz umgittert.
Dann habe ich den neuen Tag begonnen.
Es kam zu mir die größte Herzensgüte.
Aus Kinderaugen brachen tausend Sonnen.
Und wieder hielt ich eine Menschenblüte,
und wieder rauschten alle Wunderbronnen
und Kinderherzen fordern meine Seele.
O nehmt sie ganz! Zertrümmert ihren Kerker!
Ob noch auf seinem Grund ein Fünkchen schwele
der alten Lebensglut, entfacht sie stärker
und scheucht das letzte Leid aus meinen Mienen,
und voll erlöst will ich euch liebend dienen.

Erinnerung

Wie huschte ich als Kind so gerne
hinauf ans Giebelfensterlein,
zu sehn, wie Heimat sich und Ferne
satt trank am Abendsonnenschein.
Ich sah im Lenz das keusche Sprießen,
des Sommers reiches Segengießen,
und schlief beim Herbststurm ruhig ein.

Spann Winternebel in den Gassen
sein graues Netz um Strauch und Baum,
dann hockte ich verträumt im blassen
Zwielicht im engen Bodenraum.
In altersbraunen Truhen wühlen
und mit Großmutters Spinnrad spielen
war mir der liebste Wintertraum.

Längst nahm das Leben meine Hände
und zerrte mich durch Glück und Pein.
Die engen, weißen Kammerwände
schließen mein tiefstes Sehnen ein.
O, laßt mich aus den Reihen treten,
an meinem Kinderaltar beten.

In der Dorfschmiede

Morgensonne flutet hell
in die rußige Schmiede,
vor dem Amboß der schwarze Gesell
wird des Singens nicht müde.
Was ist's nur, das ihn so laut
jubeln läßt in der Sonne?
Ich glaube, er hat das Glück geschaut
mit seiner ganzen Wonne.

Heißa, wie der Hammer sinkt
dröhnend in das Glühen,
wie das Eisen jauchzt und klingt,
wenn die Funken sprühen!
Warum stellt sein Singen ein
plötzlich der Geselle?
Stand nicht Meisters Töchterlein
eben auf der Schwelle?

Vom verlassenen Amboß her
müde Funken knistern
und das Eisen klingt nicht mehr.
Heimlichscheues Flüstern
von der Bank am Gartentor
keck vom Wind getrieben –
kichert neckisch mir in's Ohr,
wo die zwei geblieben.

Sonntag

Frühling ist ins Dörfchen eingekehrt,
sprengte heimlich manche Knospenhülle.
Ach, mich blendet fast die Sonnenfülle,
bin ja noch so müd', so leidbeschwert.
Sonntagsglocken rufen hell und traut
und die Kirchentüren stehen offen,
mußt du immer noch auf Frieden hoffen,
du mein Herz, was klopfst du mir so laut?
Sonnenfunken huschen um die Bank.
Sonntagssonne ist aufs Kreuz gegossen
und die Kanzel ist von Licht umflossen,
aus der Höhe flutet Orgelklang.
Leise setzt die Orgel ein, und wuchtig
schwillt ihr Ton zum jubelnden Akkord.
Unter deinen Zauberhänden
wird der Orgelton zum Gotteswort
und ich bin vor Andacht trunken.
Lauter braust das heil'ge Lied,
meine tiefste Seele zittert mit,
bin so ganz darin versunken.
Plötzlich schreck' ich jäh empor,
seh den Raum schon halb geleert,
und ich hatte von der ganzen Predigt
nicht ein einz'ges Wort gehört!

Mein Bub

Zetert vom Dach der erste Spatz,
gleich erwacht auch mein kleiner Schatz.
Reibt erst nicht lange die Äuglein blank,
schlüpft in sein Höschen mit Sing und Sang,
jubelt so hell, wenn die Sonne scheint,
tröstet, wenn Mutter einmal weint,
scheucht allen Kummer keck und kühn,
sogar Frau Sorge fürchtet ihn.
Büblein, halt deinen Frohsinn fest,
daß er im Leben dich nie verläßt!
Ist's doch der köstlichste Weggesell,
und nach hartem Wandern ein frischer Quell,
dann bist du gegen Sorgen und Leid
wie Jung Siegfried gefeit.

Nachtlied

Sacht singt der Wind im alten Walnußbaum.
Schlaf ein, mein Kind, ich hüte deinen Traum.
Das Sternenlicht küßt deine Wangen lind,
du weißt noch nicht, wie hart die Menschen sind.
Die Stunde rinnt so oft durch Leid und Not,
der Kampf beginnt mit jedem Morgenrot.
Von Tränen blind irrt ich durch Qual und Nacht,
du süßes Kind hast mich zurückgebracht.
Dein Händchen hält und faßt mich tröstend an,
daß mich die Welt nicht mehr zerbrechen kann.

Heidesage

Hast du die Heidewunder schon gesehn?
Lauschtest du schon der alten Märchenkunde?
Dann laß uns einmal in die Heide gehen
in einer stillen reinen Morgenstunde.
Das erste Frührot huscht darüber hin,
wie Herzblut flammt es in den Blütenaugen,
wie Herzblut, das die Heidekönigin
und ihr Gespiel aus jungen Leben saugen.
Weh, wenn in warmer, müder Sommernacht
ein Wandrer irrt durch die verträumten Weiten!
Auf weißem Birkenpfad wird sacht
Frau Sehnsucht mit den Märchenaugen schreiten.
Sie winkt ihm lächelnd mit der weißen Hand,
er eilt durch Heideglöcken, Moos und Ginster
und folgt ihr taumelnd in das Wunderland.
Dicht hinter ihm verschließt das Moor sich finster
und nimmermehr küßt ihn das Morgenrot,
vor seligsüßem Weh muß er verderben.
Es ist so schön um solchen jungen Tod,
so schön, in Glück und Glanz und Glut
zu sterben!

Mai

Sonnetrunkene Tage
brachte der Frühling mit,
und alle Winterplage
verscheucht ein Lerchenlied.

Überall frohes Erwachen,
stürmischer Lebensdrang,
seliges Kinderlachen,
jubelnder Drosselsang.

Goldgrün schimmern die Birken –
leise schwindet mein Leid.
Heimlichmächtiges Wirken
sonniger Maienzeit.

Auf dem Wartsberg

Wenn mich der Kleinmut faßt im Sturm des
Lebens,
dann flücht' ich mich in diese Einsamkeiten.
Hier stirbt das Leid. Hier muß das Herz sich
weiten
und meine Weltenflucht ist nie vergebens,

denn vor dem trüben Blick seh' ich enthüllen
sich tausend neue, hehre Gotteswunder.
Darüber geh'n die kleinen Sorgen unter,
und eines Großen Wort muß sich erfüllen:

„Das Herz empfindet längst entwöhntes Glück,
und mir erscheint, was mich bisher gemieden
ganz ohne Kampf – der reine Seelenfrieden."

Die Roggenmuhme

Schwül weht der Julimittagswind.
Verschlafen steht der Rittersporn,
die Roggenmuhme wallt durchs Korn
und sucht Gespielen für ihr Kind.
Sie lockt mit bunter Gabe.
Nimm dich in Acht, mein Knabe!

Zartweiße Winden winken schon,
ein Mücklein übt den Sonnentanz,
Kornblumen steh'n im blauen Kranz,
dazwischen brennt der Feuermohn.
„Ich will ein Sträußchen pflücken
und Mutters Stübchen schmücken."

Das Halmfeld wogt wie grüne Flut,
der Knabe eilt dem Blühen nach.
Er wird so seltsam matt und schwach.
Wie tut das Ährenrauschen gut!
Klingt's nicht wie Schlummerlieder?
Halb träumend sinkt er nieder.

Die Mutter schafft für kargen Lohn
den langen schwülen Nachmittag.
Quälende Angst wird in ihr wach.
Sie sucht und ruft nach ihrem Sohn
und wartet bange Stunden. –
Der Knabe blieb verschwunden.

Mädchenklage

Lenzlieder klangen, jung war die Welt.
Ein holdes Bangen nahm mich gefangen,
du warst mein Held.

Herbststürme spielen auf öder Flur.
Die Blätter fielen. Eine von Vielen
war ich dir nur!

Ein Regenschauer peitscht mein Gesicht.
Nun türmt sich Trauer wie eine Mauer
vors Sonnenlicht.

Kreischt der Kauz im Eulenloch
in die graue Stunde,
macht die Abenddämmerung noch
ihre letzte Runde.

Löscht den bunten Farbenstrauß,
mildert alle Härten.
Spannt die müden Seelen aus,
die an Ketten zerrten.

Lege auch auf meine Qual
deine weichen Hände,
daß ich endlich auch einmal
tiefen Frieden fände.

Goldne Tage

Goldne Tage zogen in das Land,
Spätsommertage. Reichen Erntesegen
brach dankesfroh die nimmermüde Hand.
Nun darf sie endlich in den Schoß sich legen.

Ich lieb sie so, die sonnentiefen Tage,
wenn über allen Gärten, süß versonnen,
es liegt wie eine Königskindersage,
wie scheue Märchen, die in Nichts zerronnen.

Spätsommertage. Ruhe nach der Ernte.
Bringt ihr auch Ruhe meiner wunden Seele,
die ich mit törichter Erinnerung quäle,
die nimmer das Vergessen lernte?

Herbstlied

Über'n morschen Friedhofszaun
müde weiße Astern schauen,
letzte Dahlien flammen.
Blätterburgen baut der Wind,
reißt dann, wie ein launisch Kind,
dem Zerstörung Wonnen sind,
jauchzend sie zusammen.

Ist Dir jäh ein Glück gekürzt,
mancher stolze Traum gestürzt,
laß Dich's nicht verdrießen!
Sie die Erde, der der Pflug
grausam tiefe Wunden schlug,
läßt wie grünes Hoffnungstuch
junge Saaten sprießen.

Du Nacht, so wundersam und still
O, trügest du auf deinen Sternen
das große endliche Erbarmen
fürs Herz, das nicht mehr weiter will.
Ihr Sterne lächelt meiner Not?
Helft mir, daß ich sie überwinde
und Weg und Kraft und Willen finde,
zu beugen mich dem Weltgebot.
Denn als ich fast zerbrach vor Leid,
ist einer neben mir geschritten.
Nun ists, als müßte ich ihn bitten:
Hilf meiner großen Einsamkeit!

Ich kann dich nicht so traurig sehn,
komm, ich sing dir ein Lied,
dann wird dein Herzeleid verwehn,
dann schaust du nicht so müd.
Ich bin ja auch gleich heimwehkrank,
sobald die Schwalbe zieht.
Dann tröstet mich ein süßer Klang,
ein kleines weiches Lied
von dem schönen Sehnen der Frühlingsnacht,
wenn im Herzen die Liebe erblüht.
Und daß die Liebe schon Wunder vollbracht,
und daß der Tod sie flieht.

Auf dem Friedhof

An weißer Kirchhofsmauer
da blüht ein roter Rosenstrauch,
der bringt dem Ort der Trauer
von Glut und Leben einen Hauch.

In seinen Zweigen nisten
zwei Vögelein. Was jauchzt ihr Lied?
Kurz sind des Glückes Fristen.
O nützt sie, eh der Tag entflieht.

Müht immer euch aufs neue,
das Tun der Liebsten zu verstehn.
Was sollen Leid und Reue,
wenn sie für immer von euch gehn?

Ein Gang durch eine kleine Friedhofspforte
ist wie ein wundersames Atemholen
nach des geschäft'gen Tages lautem Worte.
Aus kahler Weißdornhecke lugt verstohlen
mit klugen Frageaugen eine Meise.
Ich stör dich nicht, sing ruhig deine Weise.
Ich will nur einen Hauch vom Frieden holen.
Die Welt da draußen läßt ihn nimmer finden.
Viel Unrast zieht durch enggezogene Kreise.
Regt aber Sehnsucht ihre Schwingen leise,
will sie der harte Tag in Fesseln binden.
Doch wen zu tief ein Heimwehstrahl getroffen,
fragt sich: Was soll das Hasten, Jagen, Hoffen?
Zum Stillesein geht's nur durch Überwinden.

O Leben

Durch Lerchenjubel und Morgengold
bin ich staunend geschritten,
worüber mein törichtes Herz gegrollt,
das alles ist ausgelitten.
Mit meinen Augen grüß ich den Tag
und lausche des Lebens pulsendem Schlag
und flüstere mein heiligstes Bitten:

O Leben! Frühling! O Sonnenkraft!
Ich reiche dir beide Hände.
Aus Qualen hast du mich aufgerafft;
wir zwingen des Schicksals Wende!
Nun öffne die Sonnentore weit!
Noch bin ich jung und zum Freuen bereit
und harre der Segensspende.

Abend

Der Tag birgt müde sein Sonnenschwert
in purpurner Wolkenscheide.
Und Stille senkt sich auf Hof und Herd –
nun dürfen träumen wir beide.
Komm, setz dich zu mir auf die Giebelbank,
und lausche der Herzen Zusammenklang.
Das löst von jeglichem Leide.

Ich streichle dein seidenweiches Haar,
deine arbeitsrauhen Hände.
Ein letztes seliges Schwalbenpaar
zwitschert und schwebt noch behende.
Vom Garten her weht betäubender Hauch;
dort kränzt ein Jelängerjelieberstrauch
des glücklichsten Hüttchens Wände.

Vorfrühling

Über die weite schwärzliche Heide
Spannt sich des Himmels lichtblaue Seide,
nirgends erspäht man das winzigste Grün.
Doch in des Windes stürmischen Küssen
liegt himmlicher Zwang zum Freuenmüssen,
als ob gleich Krokus und Schneeglöckchen blühn.

Und aus des Birnbaums luftigsten Wipfel
flattert ein hellbunter Liederzipfel:
Wirklich! Ein Star fand schon seinen Platz!
Kühn überstand er die Reiselasten,
zärtlich beäugt er den alten Kasten:
„Heute noch find ich mir einen Schatz!"

Jauchzende Kinder hinter den Hecken
spielen trotz roter Näschen Verstecken,
daß der entlegendste Dorfwinkel hallt.
Noch glitzert Eis in den tiefen Geleisen,
doch so aufgeregt hüpfen die Meisen –
Glaubt ihrem Wispern: Der Frühling kommt bald!

Nachtbild

Frühling im Dörfchen. Der Nachtwind streicht
durch die erschauernden Linden.
Hinter der Hecke ein Grillchen geigt
unter blühenden Winden.

Über die Mauer am dunklen Tor
nicken schon weiße Syringen,
duften zum Giebelfenster empor,
Frühlingsgrüße zu bringen.

Sieh, da wird's auch schon aufgemacht,
wirre Blondlocken wehen.
Über den Dorfplatz in weicher Nacht
träumende Augen spähen.

Singende Burschen ziehen vorbei,
süß ihr Gesang betöret –
Mägdelein, einer ist dabei,
dessen Herz dir gehöret.

Bebt nicht aus seinem Schelmenlied
seliges, hoffendes Werben?
Mägdelein eile, der Lenz entflieht!
Blüten und Träume sterben.

März

Warum ich nur immer so sinnen muß!
Was traf meine Wange wie scheuer Kuß?
Wer strich mir jetzt kosend übers Haar?
Wenn ich nur wüßte, wer das war!
Und als ich darüber noch nachgedacht,
da hat der Lenz durch den Zaun gelacht
und warf eine Hand voll Sonnenschein
mir tief ins staunende Herz hinein,
und dann noch eine voll Veilchenduft:
„ Hörst du denn nicht, daß die Drossel ruft?
Schleppst du noch immer die alte Last?
Gesteh nur, daß du ein Tränlein hast.
Nun aber ist's endlich damit genug!"
Und mit blauseidenem Flattertuch
fährt er mir scheltend übers Gesicht
und wirbelt dann jauchzend querfeldein.–
Meinst du Schelm denn, ich räche mich nicht?
Gleich heute schreib ich ein Frühlingsgedicht
und stopfe all deine Streiche hinein.
Wie kann man denn nur so närrisch sein!

Abend in der Heide

Gingst Du schon über die Heide
wenn still der Tag verrinnt,
wenn er ihrem Purpurkleide
hauchzarte Nachtschleier spinnt?

Wenn schlanke Birken sich neigen
bebend zum Nachtgebet,
wenn andachtstrunkenes Schweigen
über der Heide steht?

Um altes, graues Gemäuer
zittert das Abendrot
wie weltfernes Opferfeuer,
wie heimlicher Gruß vom Tod.

Durchs Heideblühen zu wandern
macht seltsam gut und fromm.
Was kümmern uns noch die Andern?
Komm in die Heide, komm!

Herbstbild

Hört ihr den Dampfpflug fauchen?
Dann geht der Herbst durchs Feld.
Kartoffelfeuer rauchen,
von Kindern dicht umstellt.
Wie flink die Köpfchen nicken
zu weiser Redeflut,
mit erntefrohen Blicken
schaun sie die rote Glut.

Wenn letzte Sommerfäden
flattern in blauer Luft,
dann kommt die Zeit, die jeden
zum stillen Sinnen ruft.
Einsame Blütenreste
entführt der Stoppelwind,
sagt uns, daß wir nur Gäste
im Erdengarten sind.

Seht ihr den Drachen steigen
aufwärts zum Sonnenziel?
Lichtsehnsucht ist uns eigen
ja schon im Kinderspiel.
Wenn welk die Blätter hängen
müde vom Sommertand,
spürt auch das Herz ein Drängen
nach seinem Heimatland.

Erntenot

Die Nacht ist so lang und der Regen rinnt
seine quälende Melodie.
Am grauen Schleier Frau Sorge spinnt,
in flinken Fingern wächst er geschwind –
ermüdet und schläft sie denn nie?

Kein Sternlein grüßt und die Nacht ist so lang,
zerwühlt ist die Lagerstatt.
Die Ruhe floh vor dem Regensang,
das Herz ist so schwer und erntebang,
von Sonnensehnsucht so matt.

Der Regen rinnt und Frau Sorge spinnt,
ihr surrendes Rad hält mich wach.
Ein Totenwurm pocht im alten Spind.
Wie töricht und klein doch die Menschen sind
bis zum ewigen Erntetag!

Mütter

Es gibt Mütter, die durch Licht und Sonne
schreiten,
um die sich starke Hände sorglich breiten,
wo Liebe alles Harte abseits hält,
sie ängstlich hütet vor der rauhen Welt.

'S gibt Mütter, denen Leid die Seele knechtet,
in deren Träume tiefstes Weh sich flechtet,
die dennoch aufrecht durch die Tage gehen,
um ihrer Kinder willen tapfer stehn
und wunden Herzens noch ein Lächeln zeigen.

Wem wird der Kranz im wirren Lebensreigen?
Die einen trifft Verehrung, lauter Ruhm,
die andern – laßt uns heut die Stirnen neigen
vor ihrem stillen Heldentum.

Spätsommer

Die Gärten flammen bunt in Dahlienpracht.
Der Star hat uns ein Abschiedslied gezollt
und sich zur Sonnenreise aufgemacht.
Der letzte Erntewagen ist ins Dorf gerollt.
Still liegt die Flur. Erschöpft von reicher Frucht
dehnt sie sich wohlig matt im Abendgold.
Du, der vor seiner Sehnsucht auf der Flucht und
dessen Seele fast an Leid zerbricht,
daß sie nichts weiter mehr als Ruhe sucht –
geh nur einmal ins Feld zur Abendzeit
und lausche, was die Flur sacht tröstend spricht:
Wohl nahm man mir mein goldnes Halmenkleid
Und raubte mir den vollen Ährenkranz,
doch freudig gab ich meine reichen Garben.
Verzagte Herzen wurden weit und licht;
in bange Augen kam ein froher Glanz
ob meines Segens. Darum klag ich nicht.
Und Du bist einsam, weil Dir Träume starben?
Erschließe Deinen reichen Lebensborn!
Es gibt so Viele, die im Alltag darben.
Dann strahlt auch Dir des Friedens Wunderhorn.

Sprüche

Ich möchte den Frühling fliehen.
Mich schmerzt sein lachender Blick,
sein junges Lebenssprühen;
denn mitten aus Werden und Blühen
grüßt mich mein totes Glück.

Meine Tage gehören der Welt;
aber die schweigenden Nächte sind mein.
Die Seele löst ihre Kette,
die so bleischwer zu Boden hält.
O, wie müßte sie einsam sein,
wenn sie die Sehnsucht nicht hätte!

Tage sind Blätter im Lebensbuch,
das Schicksal beschreibt sie mit glühendem
Stift.
Leere Seiten gibt es genug,
auf denen das Auge kein Wörtchen trifft.
Aber nach stillem, beharrlichen Schauen
kann auch an ihnen das Herz sich erbauen.

Plattdeutsche Gedichte

„Lüttje Dorpjeschichten"

Ji fra't, wie ick tau'n Dichten kam?

Ji fra't wie ick tau'n Dichten kam?
Dat war, als wenn et Fräujahr ward,
un einder steiht vor't Gaarnbleek
un süht nich grade fründlich ut,
„Wat geiht da op? Wat's dat for Krut?"

En paar mal ruppt'n et erst rut;
et lät sick awer nich vordrieb'n
un will afslut in'n Gaarn blieb'n.
Man wennt sick dran. „Ach, lat't doch stahn!
Et ward sick woll mit'n Kohl vordra'n!

Tauflucht

Hinder unsen Huse
löppt de Wech in't Feld.
Geiht't mick mal te duse
in de Alldachswelt,
slieke ick mick hin'n rut
still'nswiens -- und dat deiht gut.

Bruke nich te täum'n,
wu sick Hülpe find't.
Alle mien Bedräum'n,
fat't de Fräujahrswind.
Trult et ümmer um'ndum,
pust't et in de Wolken rum.

Jede Halm nuckt fründlich,
Kewers summt vull Lüst:
„Olle Tropp, 't is sündlich,
dat de durich bist.
Kieke, wat de Gnitten danzt!
Wu du bloß sau dumm sien kannst!"

Dorch de swar'n Kraum'n
pläut'n lüttjen Worm.
In de Gauseblaum'n
fällt mien Sorjentorm
un de Sunne lacht mick ut.
Sühste,nu is't all wär gut!

Dorpjemeinschopp

Op hohe Waare liet et da,
mien liewe Heimatdorp.
Da fäuhl ick mick sau herrgottsnah
bet op een Klüterworp.

Da jifft noch Oltjemütlichkeit,
kein Stolz un Dünkelie,
un na de Dorpmusike dreiht
sick arm un rike Lüe.

Un truult da einder mal mit mang,
den sauwat nich jefällt,
den bringet wi höll'sch op'n Jang,
bet hei sick umme'stellt.

Wie het'n Wind ut erste Hand,
de pust't de Ogen blank,
un geiht de Herrgott mal dorch't Land,
kümmt hei bestimmt hier lang!

Mauskantate

„In Druxberg sünd de Schwetschen riepe,
ein'n Dalder kost't de Kiepe"
heit et schon tau aller Tied
un – nu is't mal wär so wiet.

Murrjahns,süs nich de Jescheutsten,
hett ok dütt Jahr wär de säutsten.
Heinrich Bockfell wett't jenau,
denn hei sah all öfter tau.

Fritze mot en Tacken trecken,
dat Heinrich kann wecke recken,
dafor krijjt'e ok taun Lohn
en paar Ficken vull davon.

Knappe sünd se ower de Mure,
kümmt de olle Murrjahnsbure
mit vier Scheppelkiepen an,
schüddelt de Bööme,wat e kann.

Rieke, Mieke, Fieke, Hanne
bringet jeder noch ne Wanne,
säukt de letzten Bratchen op
for den oll'n jiezigen Knopp.

Keine kann'n mehr wechnuschen,
For de Schucke ward se ewuschen,
alle Nahwers ,Mekens un Knecht
taun Utmaken an'esejjt.

Lustig sitt'se inne Runne
mannije liewe Klockenstunne.
Wenn't Vortellen nich mehr reckt,
ward ower andere her'etreckt.

Balle kümmt de letzte Schöttel.
„Rieke,schüre mal en Kettel!
Make sachte Füer an,
dat all einder räuhrn kann!

Stump un stiew hat'n sick 'eset'n,
binnah mößt'n we'n Happ'n et'n,
„Murrjahn,hale mal ne Wost!"
„Aaach - ji sünd woll nich bi Trost?

Datau lat ick mick nich twingen!
Kaffee kann de Weesche bringen
un en run'n Twieback tau"
„Nä,wat bist Du, Murrjahn schlau!

Möcht'st uns woll et Liew tausnäur'n?
Mieke, lat mick ok mal räuhr'n!"
Heisa,wu de Pümpel flüjjt
un de Duft inne Neese stijjt!

„Hanne,du mit de Maussnute,
hale mal de Zuckertute,
Zitternat, Anis un Zimpt..
Of'n ok en paar Nöte nimmt?

„Au, mick flog wat op de Fäute!"
„Makt et Maus mick nich te säute!",
röppt de olle Murrjahntropp,
„süs smeert se te dicke op!"

Ach ja, sien'n Vortel wett e.
„Hanne, hale mal de Pötte!
Et Maus is gut.Et mot rut!
„Puste man et Füer ut!"

Schwetschenmaus, du Gottesgabe!
Bist for olt un jung ne Labe,
hölt'st se de Kaldunen blank,
linderst manchen swaren Jang.

Keinder brukt mehr Angest sweeten,
darum: Lat't uns Mausstulln eten,
dat hölt Liew un Seel in Swung,
un wie bliewet ewich jung.

Wost wedder Wost

Mien Onkel Matthies harre nich veel Hawe,
doch reeke hei't nich vor'n Mallör;
besat he doch de grote Himmelsgawe:
‚n gu'n Humor. Wat bruke mehr?
In Gastfründschopp war hei ganz grot.
Hei war tau gut. Hei jaw sick arm un blot.

De harre nu mal en fett Swien te sitt'n,
et war woll sau drei Zentnär swar.
Tau't Slachtefest leit hei de Nawers bitten,
wie dat in Urslä dunn sau Mode war.
En jeden, de ne kam in'n Worp,
den nödije‚binnah et ganze Dorp.

De Dach kam ran, de Wost kam ut'n Kettel.
Schon stell'n sick de ersten Jäste in,
de Matthies flökere mit Napp un Schöttel,
un keinder konn' mehr inne Stuwe rin,
De Treppe sat all vull bet bob'n rop,
un Matthies ware ümmer dulder op

Noch ümmer kam'n mehr‚de Wost te prob'n.
Mien Onkel war teletzt ut Rand un Band.
„Kommt man, hier is noch Platz in'n Alkob'n,
sett't jüch man dal – glieks op'n Bedderand!
Lop, Mudder! Hale rasch mal Hallsche ran!
Rotwost ward knappe? Snie de Kunkel an!"–

Se sitt't un kaut mit vulle Backen.
Matthies bedient,flitzt hen un her
un nödijet,feste tautepacken.
„Lop Liesecken, hier is keine Bratwost mehr!
Un hale ok glieks noch mal Sülte na!"
„Ja Vadder, ja-et-is-man-nist mehr da."

„Denn brae mal glieks ne frische Specksie ut,
un scharwe en paar Boll'n mit an,
Ji könnt mi glöb'n, dat smeckt gut!"
Se danken awer allemann.
Se harr'n nu würklich nauch ehatt
un wörrn bet undern Halsdauk satt.

Von jeden hat e en Hännedruck ekrejjen
Hei jaw se bet vor'n Howwe et Jeleit.
„Nu, Liesecken,nu lat uns man henlejjen!"
Doch dat sitt all op't Bedde un schreit;
„Dat schöne Swien, wu soll we nu von leb'n?"
„Ach, lat doch man! Wie hett doch noch de Greeb'n!"

Hei lejjt sick dal mit kindlich froh Jewissen,
slöppt sorchlos in.- Doch Liese kann nich ruhn.
Se snuckt un barmt int buntkarierte Küssen:
„Nu möt we'n Winter Hungerpoten su'n.
Wu sall ick alle Müler satt von krien?
Ick arme Frue! Mien rare fette Swien!

En ganzen Sömmer bin ick na Gräuns lop'n,
hewwe mick na jeden Dießelbusch ebückt.
Et war mien ganze Stolz, mien ganze Hop'n!
Ach, wenn't doch fett ward! Wenn't doch bloß man
glückt!
Wie ofte sliekt't ick heimlich mick na'n Stall -
Un nu? – is et in ein A'mt all!"

Sau ward et Dach. Da hört se't but'n quieken.
Se glöwet ihr'n Ohr'n nich te tru'n
un storrt't rasch rut, um da mal na te kieken.
Dunn seiht se'n pricke Swien an öhr'n Tuun,
dat war da an en Keitschen an'ebun'n,
un bi dat Swien hat se en Breif 'efun'n.

„Wie woll'n dick bloß mal op de Probe nehm'n,
wie wiet woll diene Fründschopp reckt.
Du hast de ganze Wost uns rut'ejeb'n,
un hast nich mal ne sure Miene treckt!
Tau'n Dank willt wie düt Swien dick wär vorehr'n.
Dat soll je awer ganz alleene vortehr'n!

Olle Snuufut

Olle Snuufut war höllsch nietich,
datau ok jewaltich spietich,
un hei üwe düse Tugend
gar tau jär'n an de Jugend.
Konn'n sich zweie heimlich lie'n,
o'er woll'n wecke frien –
allderwarts stok hei sick zwischen,
wußte Jift un Gall' te mischen,
saugar Löjjen optedischen,
bloß um se wat uttewischen!
O'er harr'n mal de Junken
einen ower'n Döst edrunken,
moßte hei sien'n Semp tau jeb'n,
speie Reden d'rower sejjen;
kann'n et denn noch Wunder nehm'n,
dat se ne op'n Strich ekrejjen?
Un se sworen grimmich Rache:
„Wi vorsolt't dick mal de Sache!"

Snuufuts Hus lag an de Strate
un ok sine Slapkemnate.
Alle Welt konne ams seihn,
Snuufut'n in't Bedde flei'n.
Dat word ne nu doch schenant,
un hei sejjt tau Discher Brand:
„Make mick man Ladens an,
dat nich jeder lur'n kann."
Jing'e a'ms nu ter Rauh,
mak'e hei rutsch de Ladens tau.
Dat ne awer nist entjing,

113

leit dat olle slue Ding
in'en Laden ne Klappe snien;
ganz in'n Sack wolle hei nich lie'n.

Ein'n Amd kloppt et an:
„Vadder Snuufut, kiekt mal rut!
Hier spaziert en frömm'n Mann
mit Franz Schulten siene Brut."
Dat war Water op siene Mölle!
Sweet'e ok grade wie inne Hölle,
sprung'e doch mit ein'n Satz
hen na sien'n Fensterplatz.
Datte sich nu nich vorkülle,
makt e nich ers'n Laden op,
sondern zwänget sien'n Kopp
dorch de Klappe, swinn un hille.
Wie e nu ers noch plinkt un pliert,
dat e sick an't Düstere wenne,
ward ne wecke ower'etürt
von'n paar derwe Burschenhänne.
Denn kreij e en Emmer umehänget
mit recht fette Swienejauche.
Of hei noch sau reept un dränget,
of hei noch sau ankt un fauche,
of inne Hose rutscht dat Herz -
hei konn nich vor – un rüjjewarts.
Kein Minsche kam de Strate lang,
de ne erlöse von den Stank;
war keinder da, de ne befreit,
denn - de Vorkehr war ummeleit't!
Bet ne morjens de Nawers efunn'n het.
Of hei woll nu sien Stänkern let?

Dorpjeschichte

Ick will't man drieste sejjen,
halw is et wahr, halw sünd et Löjjen.
De Bure Rabe war in Flitterwochen;
tau Uhlenpingesten harre Hochtied 'ehat.
Sien säute Mariechen bruke nich te kochen,
se wörr'n von lauter Liebe satt.
Bloß olle Vader Rabe kieke trüwe,
wat harre e von andere öhre Liewe?
Dat most'n jo de Jungefrue lat'n,
se war op Draht in Feld un hus un Hoff,
un konne se mal Drückebarjer fat'n,
denn ward se ganz jewaltich grow.
Eins awer hat den Oll'n am meisten vordrot'n
de Wostboddendör war ümmer taueslot'n.

Mariechen war in Rottenslä jebor'n.
Un da war Sönndaes Landwehrfest.
Se pustert öhren Heindrich in de Ohren:
"Tau järn wörr' ick da mal hennewest!"
Un de – galant un forsch, wie't sick jehört,
hat se forts inne Kutsche rinnebört.
In Rottenslä jawt nu ne grote Freude,
en Hänneschüddeln un en fründlich Fra'n.
„Nu drinkt ji erst ne Tasse Kaffee beide,
un hinderher will we na'n Festplatz gahn."
In jede Bude sünd se innekehrt,
et olle Danzbein flog wie innesmeert.

Wie Heindrich nu et ams anspann'n wolle,
fund op'n Rüesitz hei en Breif. „Wat's dat?"
„Sau krumm un kruckelich schriwt doch bloß mien
Olle.
Wat hat denn de op sienen Harten 'ehat?"
„Mien Sohne, in all'n Guen rae ick dick düt:
bring man de Jungefrue nich wär mit!"

De Prillekentied

Nu is't wär sau wiet,
dat de Prillekentied
uns Frunslüe in Oprejung set't,

dat we kein'n A'md tehuse sünd,
un ower de Prilleken Mann un Kind
un Flicken un Stoppen vorjet't.

De Melk is nu warm.
Wu is denn de Barm?
Du kannst rasch de Eier mal sla'n!

Et Mehl mot recht fien
un de Botter frisch sien,
denn mött se doch woll jera'n.

Man ward heit un kolt !
Kerl, hale mal Holt
un stelle vier Mollen parat!.

Un denn gah man en betchen nan Krauch.
Et sund hier nämlich grade nauch,
de uns vor de Beine rumstaht.

Kocht denn et Fett?
Ach, wenn't bloß ers hett:
Jetz will we de letzten rinbörn!

Denn raupt we de Krabb'n
un de Mannslüe tesamm'n,
de könnt gliecks de Kröppels vortehr'n.

Jerahn sünd se gut!
„Junge, snuf dick mal ut
un trecke de Hanschen an!

Un denn böste dick mal et Mehl von de Schauh
un kaue en betchen dralle tau!
Du sast mal na'n Nödijen gahn."

De Stuwe is all blank,
rasch de Tassen ut't Schrank
un alles terechte elejjt.

En reine Laken ward op'edeckt.
Wenn nu bloß de Prilleken reckt un smeckt,
süs ward de doch ok vonne sejjt.

But'n is schon Krawall!
Nu kommt se woll all?
Man rasch noch wat injebott!

De mött woll gar nist te daune hem'm,
süs wör'n se doch woll noch uteblem'm;
ick harre mick na nich vor'ehott.

Nu kommt man schon rin!
Ick schenke gliecks in,
mot bloß noch Zucker opstell'n!

Nu set't jüch mal dal!
Ick mehle noch mal.!
Un denn will we uns schön wat vortell'n.

Et Knütteltüch klappert,
de Mülekens plappert.
„Ach, schenke man noch mal tau!"

Un jeiwe't nu ok
von't Vortell'n noch Rok,
denn wörre de Stuwe all blau!

Keine Regel ohne Utnahme

Ick wett all wär en nien Spaß:
In Druxbarch, da op't Pingestgras,
da war mal in'n Fräuhkohlfeld
en smucken Schüchter op'estellt.
Kein Hase hat sick ran etrut,
saugar de Rupen rücken ut.

Nu kam den ein'n Abend mal
Olle Bäcker ok de Fure dal
un kieke sick den Schüchter an.
„Du bist jo'n ganzen feinen Mann
un hast dick mächtig rutestellt!
Aach 'tis jo ok en Sniederfeld!!

In dienen Stand biste woll'n Graf?
Mien Tüj dajejen is man Kaaf.
Diene Hose süht noch tau schön ut,
miene is nich mal mehr halw sau gut.
Ick mößte dick blank en Tuusch anbein!
Von't Dorp ut kann uns keinder seihn.“

Hei löppt rings um den Schüchter rum,
kiekt sick na all'n Siet'n um,
knäupt af- lett fall'n – eins zwei fix
un krewwelt in de Schüchterbüx.
De Schüchter ward wär anetreckt,
un keinder hat den Tuusch entdeckt.

'N Dag drob kümmt de Schelmenstrick
na'n Snieder hen. Mit Kennerblick
kiekt de an siene Hose dal:
„Du, Bäcker, sönne harre ick ok all mal!"
De slückt ganz dröj sien Lachen dal:
„Ja,mal- sünd de Jeschmäcker doch egal"

De Buntkarierten

Olle Vadder Klump steiht
ut'n Schüddelstauhl op.
Lejjt siene korte Piepe afsiet
un kratzt den griesegrauen Kopp:
„No Mutter; ick glöwe; et ward Tied
dat wie sau sachte tau Bedde gaht."

„Ja," 'sejjt de Klumpsche;"ick bin parat.
Ick knütte bloß noch düsen Sticken,
denn will ick mienen Strump mal meten
un denn noch na de Grue kieken.
Kannst jo derwiele'n Appel eten:
Da staht se; in den brun'n Napp."

Se lejjt et Knütteltüch in't Schapp,
slütt alles tau un makt de Grue terechte.
Dunn ward et Bedde op'edeckt,
de Olle harre sick all utetreckt,
un wolle nu rin. Op einmal sejjte:
„Ach Mieke, du hast jo frisch oweretreckt!
Da sall ick rin mit mien swart Jeriwwe?
Dat sall ick nu wär ummeposen?
Nä, liewer slap ick inne Kriwwe!"
Un krüppt wär rin in siene Hosen.

„Ja," sejjt de Klumpsche,"dat is ok wahr!
De olle sat man schon'n halw Jahr
un stund strutt hen von Dreck un Smeer-
hei moßte runn! Et jing nich mehr!
Nu kieke mal düsen Owertog!
Sau schön kariert mit rot un blau,
sau blank 'erullt un sau rar stiew!
Dat mot ick jo ok sülb'n sejjen:
't is würklich schae, sick rintelejjen.---

No lat man sien un höre tau:
En Utwej find sick ümmer noch.
Wie könn'n uns doch op't Sofa sett'n.
Du binnst en groten Dauk um't Liew,
ick decke mick mit de Mantel tau.
Man mot sick bloß te hülpen wett'n!"

Drei Nächte hett se't uteholln,
drei Nächte hett se't owerekrejjen,
sick nich in't reine Nest te lejjen.
De vierte awer word den Oll'n
denn doch te bunt. Hei drunk en Sluck
un jaw sick en militärschen Ruck
un is mit Hurra rin 'estejjen.

De Schien drüjjt

Letzt bin ick mal dorch Dolä egahn
un bleiw bi'n oll'n Bur'n stahn,
de da mit Kiepe un Bessen bewehrt
en Pärmeß ut sien Dorwej kehrt.
Wie köärn'n betchen hen un her,
von düt un dat, von Lüe un Weer.
En junken Bengel jing da noch,
de drauch en Kopp jewaltig hoch.
„Wat is denn dat forn feinen Mann?
Wu is de mang jüch Buur'n jeran?"
„En feinen Herr'n sall dat sien?
Denn mot ick dick mal wat bedün:
Den hat de Mutter de Weste eflickt,
en Deil von de Hose rin estückt.
Dat Parfüm is woll na nich vorgahn,
drumme mot e de Neese höjjer dran,

En Maienfest

De Sunne stijt ut öhr Wolkennest
un putzt sich öhre Ogen blank.
„Ach, hüte is jo Maienfest!
Nu awer swinne, dralle in Jang."

Se kricht den Morjenwind te faten,
de sick all sachte in Slape röt.
„Nu awer rasch dorch alle Straten,
dat erst mal alle Pütten dröt!"

Hei fejet los mit vulle Backen
un pust't in alle Ecken rin
un schüddelt jeden kahlen Tacken:
„Willt je denn gar kein Low mehr krien?"

In'n Beerboom de Stare
vorfeert sick: "Wat is dat?"
Denn wet't, seit tejahre
köärt de Starn ok platt.

De Leereke antwört:
„Dideldum,dideldei,
du Dummpatz, wie fiert doch
en tirili,tirilersten Mai!"

De Swaleken in'n Stalle
de zwitschert mit Zier'n:
„Lat't uns alle, lat't uns alle
mitfiern, mitfiiiierrrn!"

De Lörker inne Sümpe
werd munter un quarrt:
„Mutter, säuk de witten Strümpe,
wenn't Danzen wat ward!"

Zwei Finken in'n Tuun
bekiekt sick öhr Nest:
„Wie sünd fertig mit Buen;
hüte is Richtefest.
Pink, pink, pink!
Hüte krijjste mien'n Ring!"

Wat is dat for'n wackelij Ding
dat eben dorch'n Graben jing?
Dat is de olle Gausemadam
mit öhr'n jeel'n Jösselstamm.
„Ssst, dat isss mal ganzsss wat andersss
als wie de oll'n Gandersss!"

De Kewers sunnt sick op de Ackerkraum'n,
de lüttjen witt'n Gauseblaum'n
nuckt sick sau fründlich tau:
„Herrgott, wie freut uns sau!"

En Sönndasidyll

De Sönndasbrae is vorstaut.
Karl liet op't Sofa un vordaut
un Alma makt de Küche wär blank,
krijjt de Sönndastassen noch ut't Schrank
un stellt de Prilleken op'n Disch.
„Nu mak ick mick rasch smuck un frisch,
derwiele is't denn wär so wiet
tau Kaffeetied."
Karl snuppert drömmich in de Luft.
„Wat is hier bloß for'n säut'n Duft,
sall de woll von de Prilleken sien?
Denn mot ick mick mal eine krien!"
Hei hat de Middasruhe benutzt
un de ganze Schöttel vull ut'eputzt.

Alma war fertij mit Antrecken
un nahm'n Kaffee von'n Heerd.
„Nu sollt uns mal de Prilleken smecken!"
Ja- Karl harr' se man schon vorteert
un liet un ankt un stöhnt un slöppt,
bet siene lüttje Frue röppt:
„Ach, Karl! Wat hew' ick mick vorfeert!
De solln doch for uns beide recken!"

De Tranen truult de Backen dal,
doch Karl'n rührt dat na nich mal.
„Nu will ick awer wenijstens fran:
Wörn denn de Prilleken jeran?"
Karl hat sick na de Wand rum'esmetten:
„Von sön paar kann ick dat na nich wett'n!"

„Der Gentelmänn"

Olle Schauster Peek sitt op de Jewelbanke
un höllt en betchen Füerabensrauh.
Hei süht de Nawerskrabb'n wat tau,
de hinder öhre Gaarnplanke
wie utjelaten rumspitakelt.
Spitz hat sick dichte bi ne strakelt.

In'n Beerboom sammelt sick de Starn
un ratsla't ower öhre Reise,
als könn'n se nich de Tied afwarn.
Nawer Schulte kümmt ut sien'n Gaarn
Un rokt behaglich siene Piepe.
„No, sünd de Beer'n balle riepe
un sünd se einijermaßen in Preise?"
sejjt olle Peek un rückt bisiet
„Kumm'n betchen her, t'is Füerabenstied."

Se rokt un köärt von oll'n Tieten,
un Spitz, de hört andächtij tau.
„Man werd nu ok all old un grau,
balle könnt se uns tau't olle Isen smieten."

„Mick is't egal" sejjt Peek, „ich hewwe
mien Deil 'edahn
nu könnt de Junken ers mal ran.
Ick hewwe mick ümmer Arbeit ,esocht
Un hew'et wi'e nauch ,ebrocht.
De Jungens hett en Handwerk elehrt.
un wer de Meekens kreij, is ok nich annesmeert.

De Mutter hat se fräuh'enauch annestellt.
Wer arbein kann, kümmt dorch de Welt.
Sau hett se alle neune keine Not,
un öhre Kinder sünd nu ok all grot.

Karl, wat en Öllsten sien Junge is
un ümmer schon mien Beste war,
de is nu all in't vierte Jahr
bie'n groten Koopmann in de Stadt,
un nietich bin ick ganz jewiß,
of hei sick düchtich rut emakt hat.

Ick hewwe ne lange nich 'eseih'n –
t'kann sien, dat hei mal Urlaub nimmt
un morjen tau mien Jeburtsdach kümmt!
Denn freu'ick mick awer kort'n klein –"
Jetz fänget Spitz te bell'n an
un Schulte makt'en Hals all lang:

„Da kümmt jo'n grülijen feinen Mann,
de hat jo'n ganz pinibeln Jang
un kümmt direkt hier op uns los.
Sejj,Schauster Peek, wer is dat bloß?"
Da is hei ran un stellt sick hen,
von ob'n bet un'n „en Gentelmänn".

„Tag, alter Herr, wie geht es noch?
Nicht wahr, Ihr staunt, Ihr kennt mich doch?"
De Olle sinnt ers hen un her.
Mit einmal is e hoch un hat sick wär,
sparrt zwar noch Mul un Nese op
un schüttelt sienen griesen Kopp.

Hei fat't den Bengel int Jenick:
„Wat,alter Herr sejjst du tau mick?
Du wärst doch woll mien Karl nich sien?
Mößt ick dick nich bie'n Kragen krien
un hier in düsen Dreck rinducken?
Dick,Fatzke, in't Jesichte spucken?

Kiekt bloß mal düse Fluddermähne!
Hei krijjt se ok noch mang de Tehne.
Paß op, mit dienen sieden'n Strump
jeröttste balle mal in'n Sump!
Un sauwat soll ick in't Hus rin nödijen?
Denn wiste mick woll nieste Moden preddijen?

Mit sauwat dort mick keinder komm'n!
Lackaffen werd hier nich op'enomm'n.
Fullns einder, de sien Dorp nich ehrt,
de is dat Dorp ok nich mehr wert.
Make dick man wär op diene lilan Strümpe!
Wie schafft ok ohne dick de
Jeburtsdachsklümpe!"

Nawer Schulte will sick noch in't Mittel lejjen,
doch Peek wenkt af:"Dat will ick dick sejjen,
lat man den Bengel ruhij gahn.
Ne grote Enttäuschung war dat eben
Ick hewe most schon veel erleben,
doch sauwat kann ick nich vordra'n
Mien Lewe hew' ick ower de 'elacht,
de öhre Muttersprache voracht't.
Wie sünd von Dorpe, un wie soll'n
unse leiwe Platt mehr in Ehr'n holl'n!"

„Du" or „Jie"

De Brauder von unsen Paster hier
war bi de Soldaten en ganz grot Dier.
Wenn hei mal sien'n Urlaub nahm
un tau Bisuch na Druxbarch kam,
denn moßte de Fridolinsche na Bahn
un den Herrn Hauptmann den Kuffert dran.
Jewöhnlich kame in Zivil;
de Uniform word.fein vorpackt
un bi de Fridolinsche inne Kiepe sackt.
De Säwel kiekte boben rut
als wie sön nüdlich Slackenspiel.
Dat saach ümmer tau spaßig ut.

Nu harre unse Kriejerheld
sien'n Urlaubsbisuch mal nich annemell't.
De Pastersche passe't dütmal slecht;
se harre en Waschdach annesejjt.
„Ach, hätt ichs können früher wissen!
Ich kann Frau Fridolin nicht missen,
und ausgerechnet große Wäsche!
Wer springt für sie nun in die Bresche?"
De Fridolinsche wußte Rat:
„Wutau hewwe denn unsen Fritzen?"
De war natürlich glieks parat
un wolle rasch dorch de Wiesche flitzen.
Hei trecke de nie'n Höltn an
un nahm sick noch en Jungen mit,
un heidi jung et kattewitt na'n
Bahnhoff hen.- De Zuch kam an

133

un de Herr Hauptmann klettere rut.
Harr Jees, wat saach de propper ut!
Hei harre sick dütmal nich umme'etreckt.
De Tied harre woll nich mehr 'ereckt.
Hei dachte sau in sien'n Sinn
„Wo steckt denn heut Frau Fridolin?
Sie ist doch sonst nicht ausgeblieben!
Das soll die Laune mir nicht trüben.
Geh selber mit dem Koffer los,
s'ist ja ein halbes Stündchen bloß."
Un noch wat anners folt ne op.
Twee Jungens mit strohjeeln Kopp,
de schuuln ümmer um ne rum.
„Was grinsen die denn bloß so dumm?
Ich imponiere ihnen enorm.
Das macht die seltne Uniform!"
De Pastersche, de reeke na:
„Jetzt sind sie sicherlich gleich da."
Doch wie se den Opzuch von wieten saach,
kreich se vor Schreck binah en Slach.
„Oh, Fritz,wie müssen wir uns schämen!
I h r solltet doch den Koffer nehmen!"
„Tja," see de nu un kratze sick de Tolle,
„Ick wußte jo nich, wie ick't anfängen solle!
Ick moßte de ganze Tied owerlejjen:
Soll't we nu „Du" or „Jie" tau ne sejjen
-un derwiele hatte ne alleene herekrejjen.

Mien Drömmenest

Da op de Grauwe buttenut,
wu't Dorp te Enne geiht,
da heww' ick mick en Sloß 'ebuut,
un keinder wett, wu't steiht.

Tritt Harm un Sorje an mick ran
un willt mick underkrien,
ward rutsch de Huusdöör ‚tau'eslan,
denn mött se stille sien.

Un is de Dach mal swar 'ewest,
un war de Arbeit hart,
denn flücht ick in mien Drömmenest,
weil't da glieks besser ward

Et is 'ebuut ut Höllderduft,
ut Lerekenlied un Sunn.
Hier raup ick , wenn de Welt mick knufft:
„Rutscht mick en Puckel run!"

Traditschon

In Burmesters Gaarn stund 'n Boom
mit Beern, saftich un säute.
Fritze Snurrbarts sach se an Dae un in Droom.
Et krewwelt 'ne inne Fäute.
Hei moßte owwer de Peele.
denn boben, da hängen schon jeele.
Hei konne et nich mehr owwerkrie'n.
Ein'n Amt nahm hei de Kiepe
un kieke in Burmesters Fenster rin.
De Olle roke de Piepe
Un sei lese grade en Modebericht.
„De Beiden stört mick alsau nich!"
Husch wie sön Eiker war hei rop
un sette sick inne Micke.
„Nu höre ick sau balle nich mehr op!
Ick ete mick orndlich dicke."
Op ein'n Male geiht ne Dör
un Burmester kümmt na'n Gaarn her.
„Wurumme bloß de Maan sau schient"
denkt Fritze bi sien Eten;
„Et süht grade ut, als wenne grient
noch tau mien Angestsweeten.
Jetzt hett et, bloß sick jo nich rö'n;
un de Beer'n smeck'n grade sau schön!"
Burmester kümmt op'n Beerboom tau.
„Nanu, da steiht jo ne Kiepe!
Ach, kumm mien Junge, dat durt mick sau,
de Beern sind na nich riepe!

Du könnst süs bloß de Kolldera krien,
un de sall lebensjefährlich sein!
Komm run , mien Sohne, lat dick bedün,
lat se man ut de Fingern!
De Beern kannste nu mal nich krien,
de Beern hört Jakob Büngern.
De könne dick süs bloß höllsch vorsohl'n,
denn – hei hat se sick jedes Jahr 'estohl'n.
Da is nist anne te maken, mien Sohn.
Un sau wat nennt man „Traditschon!"

De Landwehrball (1)

Ach, du meine Güte!
Wat is'n doch afjespannt!
Sünd denn de Mannslüe hüte
reine ut Rand un Band?
De Fruenslüe hett alle schon 'eklat;
mien Mann, de war ganz opsternat.
Hüte morjen, klocke fümwe all
dunn schwarm e schon von'n Landwehrball.
Hei konne nich de Tied afwar'n
alle Underlat leip e mal na'n Gaar'n
un kieke na de Kerchenuhr.
Von Lust tau'n Arbein keine Spur!
Na'ma's halw viere stellt de Mann
ne ganz unheimliche Wäsche an
un fänget an, sick antetrecken.
Nich mal et Amtbrot wolle smecken
un et jaw doch grade sien Leibjericht!
Wat meint ji woll, de Bösewicht
solle de Kinder noch insingen;
denkt ji, da war e tau te bringen?
„Se paukt, se trummelt, se blaset all!
Hurra, ick mot na'n Landwehrball!"
Un heidi war e wech.
Ick hewwet jo ümmer esejjt,
un Lieseken hat ganz recht.
De Mannslüe sünd tau slecht!
Nu mot ick mick ers mal bisinn'n,
wat sall ick denn nu bloß bejinn'n?

Ick kann'e doch nich alleene laten;
Nachher krichte noch ne andere te faten!
Un wat denn denn, und wat denn denn?
Et Beste is , ick gah ok noch hen!
Wu Landwehr is, da mött ok "Vorjesetzte" sien!
Dat is schon wejen de Disseplien.
Ick glöwe, dat is dat einfachste Mittel:
ick hale mick rasch en andern Kittel
un make mick süs noch en betchen tejange -
bi Fuenslüe durt dat doch nich lange.
Se paukt, se trummelt, se blaset all!
Hurra, ick gah na'n Landwehrball!

De Landwehrball (2)

Wenn Fasselamt nächer rückt,
denn ward bi'n Kräuer de Saal 'esmückt.
De Fruens ratslat allemann:
„Wat treckt we denn nu bloß mal an?"
Dat von tejahre geiht nich mehr.
Da mott afslut en ander her!
„Du hast doch noch dien Eoljenn ?"
„Dat reckt taun Landwehrball nich hen."
„Denn nimm doch ein ut Kreppdeschien?"
„Dat sall awer sau jewöhnlich sien."
„Wu wört denn mal mit Kreppjorjett?"
„Ja, wenn dat denn man alle het?"

Ok wett'nt wedder nich jenau,
nimmt'n en rot, en greun, en blau?
En Kariert? Da is'n wär te dicke tau.
Un menjeliert is ok man sau.
Striepich sall nich mehr sau Mode sien!
T'is würklich swar, et richtije te krien.
Sau plaget'n sick nachts mit Sorjen
un sinnt un griwwelt bet tau'n Morjen.
Da sünd de Mannslüe besser dran.
De treckt sick fort's datselwe an.
Un sollt se bloß mal'n andern Slips,
denn kijjt'n se sick erst bin Kripps:
„Den bindste in! Süs danz ick nich mit dick!
Du bist ok nich en betchen schick!"

Doch is de Ball denn endlich da,
staht se vor de Schenke un raupt „Hurra",
marschiert un drinkt ganz fürchterlich.
Bloß, – danzen daut se nich!
Denn sitt'n da mit den groten Ornat,
un kein Minsch süht den veelen Staat!
Soll'n se uns nich en betchen dreihn?
Denn krejj'n de Lüe doch mehr te seihn!
Sau huckt'n inne Ecke rum
un sitt sick stump un stief un krumm.
Soll't hüte amt wär sau komm'n,
denn ward schreckliche Rache 'enomm'n.
Starken Kaffee ward morjen fräuh nich 'ekocht,
ok kein'n sur'n Herich an't Bett 'ebrocht.
En Sönndach brennt de Brae an!
Kein'n Hosenknopp neiht we wär an.
Mit swarte Wäsche sollt se lopen!
Op heile Strümpe lange hopen!
Un ward nich erst'n Fautfall 'edan,
lat't we keine Gnade vor Recht ergahn!

Frünne

Et jaw ne Tied, da war't höllsch knappe,
un manche Städter jing drop ut,
dat e sick dörpsche Frünne snappe,
wör'n se ok von hundert Morjen Klut.
Man harre sick früher mal 'ekennt,
doch wejen öhre Dorpmanieren
se sick en betchen affewendt't,
man moßte sick jo mit se schenieren!

Doch wie de groote Nottied kam,
word ok de düllste Hochmut tahm.
Ok Julchen Keese ut Berlin
harre op ein'mal entdeckt,
daß von dem Herrn Gemahl Alwin
ein Vetter auf dem Dorfe steckt.
Un wie de Sönndach ranekomm'n,
word glieks en Angriff undernomm'n.

De Dorp-Keese war gar nich sau,
hei klauere glieks op'n Wostbodden rop,
Sei hale Brot un wat d'rtau
un drauch en orndlich Frühstück op.
Et Middaes jaw et suren Klump
mit Bratchen un en Bötel dran;
de word vortehrt mit Steel un Stump.
De Städter stunden ok öhren Mann.

Un wie se et Ahms na Hus e'fäuhrt,
kreijen se noch en Bündel um'esnäurt.
Tofreden kam'n se to Hus wär an
un Julchen sejjt tau öhren Mann:
„Wie schade, daß wir die Verwandten
so lange Jahre nicht mehr kannten.
Wer so wie sie im Fettopf sitzt,
hätte uns manchmal schon genützt.

Will man noch öfter dahin reisen,
muß man erkenntlich sich erweisen.
Ich schicke ihnen ein Paket;
die Vase, die im Flur rumsteht,
die Kissen hier und jene Decke;
ich stöbere durch jede Ecke
und ftnde wohl noch Kleinigkeiten,
um ihnen Freude zu bereiten.

Es ist recht einfach noch bei ihnen,
besonders mau ist's mit Gardinen.
Vier alte Schals besitz ich noch.
Sie kann sie mit Cremefarbe stärken.
Viel hat man ja auch nicht, jedoch -
sie werden die gute Absicht merken."
Se packte alles nüdlich in.
Cremestärke un en Gruß mit rin.

Na vierzehn Daen kam'n se wär
na Keesen op'n Dorpe her.
De kamen grade ut'n Stall.
Se harr'n sick knappe de Hand 'edrückt,
denn fröcht ok unse Julchen all:
„Hat's euch erfreut, was ich geschickt?"
„Ach ja, wie'n et sau nehmen sall.

Dat Creme, wat du da innepackt,
dat hewwe glieks terecht'emakt
un woll ne gue Stunne 'ekocht;
un wie ick't denn op'n Disch 'ebrocht,
sach et na sau veel Eier ut,
bloß smecken dat et nich sau gut.
Wie hett't awer doch vordrückt;
doch'n Telder hat keinder af'elickt.

Da reip Julchen mit Schreckensmienen:
„Das sollte doch für die Gardinen!
Es stand doch an dem Päckchen dran."
„Ach sau, ick hewwe lange baukstabiert,
doch de Krabben harr'n mien'n Brill' vortürt.
Ach, denk ick, et kümmt woll nich drop an.
Creme – Creme, ick harre mal sauwat 'ehört,
un dachte, dat Krem, dat ward vortehrt!

No, et is jo sau ok nich wech'esmetten;
wi hett et reine opejetten.
Nu is't igal! Ick sejje ümmer düt:
En gut Swien is , wat alles fritt!"

Ne wahre Jeschichte ut olle Tieden

De Sönndachmorjen kiekt in't Fenster rin.
„No, is de Stuwe woll ok blitzeblank?
Un sünd de Bohlen witt'eschürt
un Sand 'estraut recht krus un fien?"
Hei nuckt „Sau bin ick't gut! Sau mott et sien."
De Wocken steiht inne Ecke un fiert.
De Buerfru krijjt et Kerchentüch ut't Schrank,
de siedene Schörte un en krusen Rock
un nimmt de Kreihenmütze von'n Stock.
Nu noch de nieen sieden Dauch,
den öhre Mann op't Seesche Marcht 'ekofft,
ut Dank, dat letzt sien Arwe is 'edofft.
Se bind't ne in un böst't sick noch en Stöweken von'n
Schauh,
un öhre Mann süht fründlich tau.
„Nä, sönne smucke Frue jiwt't nich mehr!
Tau propper biste mit dien'n sieden Dauk!"
Hei striekt se ower de roen Backen.
Se nimmt en Pennich un et Bauk
un smitt et Köppken in'n Nacken.
„Ick gah nu hen, et mott glieks lü'en,
hüte wär ick woll de Feinste sien."
De Kerche is all vull besett't,
un ümmer, ümmer kommt noch mehr,
de mit'n Herrgott wat te köärn hett.
Un alle kiekt na Lieseken her.
De niee Dauk fällt op.-
Da- schütt et Blaut öhr innen Kopp,

denn jetzt kümmt Fieke Lappen rin
un hat – jenau sön Brustdauk in!
Dat war nu Lieseken gar nich recht.
Se hört nich, wat de Paster sejjt.
Se hört nich, wu die Orjel bruset,
weil Zorn in öhre Ohren suset.
„Wie könn't sick Deinstlüe understahn,
sön Dauk wie ne Buersfrue te dra'n!
Of't hüte gar kein Enne nimmt?"
Se wet't nich, wie se ut de Kerche kümmt.
Se glubbt öhren Kerl an ganz doll.
De wet nich, wat hei denken soll
un steiht vordöndert un wie dumm.
Sei storrt inne Stuwe rum vor Wut,
ritt sick den schönen Halsdauk ut,
trampt mit de Tüchschauh darop rum
un kann vor Gnatz bloß jappen:
„Da lie du, Fieke Lappen!"

Ne fettije Jeschichte

Wett't jie't denn schon?
Bi Murrjahns war neulich Rewelutschon!
Se harr'n öhre grote Swien 'eslacht,
sei schüre noch af bet inne Nacht,
un de Olle, de sollte de Wost noch binn'n.
Ja, de Olle , de war man nich te finn'n!
Hei harre noch mal na't Waschhus 'ekiekt
un sick dunn sachte von'n Hoff 'esliekt.
Hei dachte sau in sienen Sinn:
Wurumm ick bloß sau döstich bin?
Jewiß is't von dat veele Fett?
Da ward noch en Lüttjen opesett't!
Dat war doch ok ganz richtich 'ewest.
Wat konne de Olle vor sien Döst?
Doch Lieschen konne dat nich vorstahn.
Se brae noch ut un bolzt in Huse rum.
„Kumm man na Hus, du Liederjahn!
Hei süppt sick ok noch dumm un krumm.
Statt mick hier noch en betchen te hülpen,
mott e noch en halw Stiee hinderstülpen!"
Se makt et Licht ut un sett't sick op de Grue;
in Bedde harre se doch keine Ruhe.
Wie't nu bi Schuersch twölwe slauch,
denkt olle Kurschan, nu is't nauch.
Sau lange soll't jo gar nich dur'n!
Tau swinne gaht de ollen Uhren -
un Lieschen werd woll ok schon lur'n!
Un wie hei sau na'n Hoff ropgeiht,
ganz jämmerlich sien Harte sleit.

Hei wußte von't vorije Mal noch Bischeid.
Ganz sachte klinkt hei de Husdör op - - -
Bums! flücht ne wat Hartet an'n Kopp
un hinderdorch en grot Jepladder.
Huch, wat vorfeere sick de Vadder!
Au, Lieschen, dat is jo sau heit!
Un wie e nu ümmer dulder schreit
un sei den Schaden bi Licht biseiht -
dunn drüppt hei alleheile von Affüllefett.
Sei harre't mit op de Waterbanke 'esett't
un war ganz dow un blind vor Wut,
füllt statt'n Wateremmer en Fettpott ut
un hat den Ollen damit bijoten:
Un of se noch sau barmt un stöhnt -
dat schöne, ile Fett war wech;
un Kurschan ward denn ok noch frech!
Et harre ne doch tauveel vordroten.
Se hett sick na nich wär vorsöhnt.
Sei mufft un brummt woll noch en Schur
un hei – makt ne „Entfettungskur"
'Tja:"Blinder Eifer schadet nur!"

Fewerwar

Wenn sick de Dae länget,
dat man se wassen süht,
wenn sick de Bööme ränget,
weil scharp de Säfte stiet,
wenn noch op Dorp un Felder
de Winterrauhe liet,
ward jedes Harte hellder:
T'is Fasselabentiet!
Wat sick in Wintertieten
an Sorgen op'ehüpt,
dat kann'n jetzt afsmieten,
wenn se ok noch sau kniept.
Un wer en Schelm in'n Nacken,
de kann'ne jetzt utpacken,
weil jetzt sien Weiten riept.

November

Nu staht de Gaarns leddij wär un kahl.
Kein lüttje Vöjjel singet noch einmal,
de witten Asters huddert sick in'n Wind,
als wüßten se, dat se de letzten sünd.
Et Low fällt af. De will'n Gäuse treckt.
De Bure sinnt, of ok de Vorrat reckt
for Minsch un Veih. De Winter is sau lang....

Afschied

Se jungen beide sachte
dorch't abendstille Feld,
wat deip en jeder dachte,
se het't sick nich vortellt.

Wie se an't Dorp rankamen,
nahm öhre Hand hei lang. -
Wat se sick da mitnahmen
von düssen letzten Jang?

Dat heil'je grote Wetten
um öhre deipe Pien.
Se wärd sick nich vorjetten,
möt se ok einsam sien.

Ne lüttje Kinderjeschichte

In Rottenslä is se passiert.
Da hett mal Jungens Jeburtstag efiert,
se hett espeelt un sick ekloppt
un sick mit Kauken utestoppt,
un wie de Speise opedran,
hett se ok öhr'n Mann estahn
un't lüttje Liew sick vull eslan.
Slimm jing't den lüttjen Peter Krull,
Hei harre sick mächtig ran eholln,
(Da are woll op sien'n Oll'n),
un wie se ummelänge na Hus gahn woll'n.
dunn – harre de Sönndashose schier vull.
Hei true sick gar nich wär na Hus.
Vor Harzeleid jing e ganz krumm,
de Jungens trecken de Neese krus
un böen alle um ne rum.
Ganz durich is hei hen esliekt:
„Wenn bloß de Mutter nich gliecks kiekt!
Se makt ümmer nich veel Umstänne,
höllsch lucker sitt't bie se de Hänne.
Ach, härre doch miene Not en Enne!"
De Mutter sach den lüttjen Mann
von wiet'n sien Mallör schon an.
Un wie se ne bien Slawittchen krijjt,
dunn fat't de Angest den armen Wicht
un laut behaupt'e stiew un fest:
„Halt, Mutter, dat is Fritze ewest!"

En Wandermusikante mit siene Fru

Hei:

Ick bin en Wandermusikant,
vorjnügt un ohne Sorjen,
ick fläutche froh dorch Stadt un Land
un fra nich veel na morjen.
Darfor is miene Frue mit,
de paßt op mick op Schritt un Tritt,
se sammelt de Finanzen
un mot tau't Piep'n danzen.
Se führt en strenge Regiment
un nimmt mick straff bi'n Töjjel.

Sei:
(einfallend)

Ja, weil se kein Inrichten kennt,
de linken Wandervöjjel.
Hei mot als Wandermusikant
sick sau dorch't Leben fechten.
Wi streuft dorch Wald un Sump und Sand,
sau kam we na Grot-Schwechten.
Hier rückt't na Brae, na Wien un Klump.
Wi willt uns nich scheniern,
um bi dat Silberpärchen Strump
en betchen mit te fiern.

153

Un komm we ok nich in Hochtiedstüch,
kiekt man nich sau vorwundert.
Wi wünscht trotzdem veel Glücke jüch
for't nächste Vartelhundert!
Hat denn de leiwe Herrgott nich
jüch sienen Sejen ejeb'n?
Nu will we wünschen, dat hei jüch
nich mehr vorlät int Leben.
„Los, Jochen, speele ein'n op!
Willt uns nich lumpen lat'n.
Amenne drat se denn wat op
un nödjet tautefat'n!"

(Jochen speelt einen op)

De vier Jahrestieden

Mitspeeler: Kettelklumps, Hei, Sei un Fritze

Fräuhjahr

Hei:

Wenn de erste schöne Märzdach graut,
stijjt de Frun's de Schüerwut in't Blaut.
Dach un Nacht sparrt se de Fenstern op,
stellt de ganze Würtschaft op'n Kopp.
Jede lüttje Ecke kriet se her,
keine schure Stidde hat'n mehr.
Weh dem Mann, de denn te Hus rumkrüppt,
weil e' süs int Schürwater vorsüppt.

Sei:

Endlich weiht nu wär de Wind!
Huh, wu swart unse Gardinen sünd!
Morjen ward en Waschdach an'eschreb'n!
Twintich Hänne möchte'n op einmal heb'n!
Un – mien Fräuhjahrsmantel is all slecht;.
dreimal hew'ckt'n Vader all ,esejjt.
Doch de deit als wenn e gar nist hört,
dat man jo nist sein'n Jeldstrump stört!

Fritze:

    Wenn de Snei sick ut de Gaarns sliekt
    un et Fräuhjahr dorch de Peele kiekt,
    wenn de Winter durich Afschied nimmt
    un de erste Starenvader kümmt,
    wenn de Veilchen blaumt hinder jeden Tun,
    op'n Sandbarch könn'we Burjen bun;
    wenn de Lereke singet öhr Hochtiedslied,
    is vor Jungens de beste Jahrestied!

      Sömmer

Hei:

    Wat meinste taun Sömmer,Nawer, sejj?
    Denn gah jo de Frunslüe ut'n Wech!
    Wenn se ok mal en betchen fründlich daut,
    se tracht't bloß na'n nien Sömmerhaut.
    "Sön'n Florientiner härr' ick järn!
    Oder sall ick wie'n Tater wer'n?"
    Alle Sönndach geiht de Reiserie,
    denn de nie'e Haut mot under Lüe.

Sei:

    Sömmerlust! In Feld un Gaarnland
    nimmt de Arbeit binah owerhand.
    Un for alle Mäuh un sur'n Sweet
    krijt'n woll nich mal en nie't Festkleed.

Awer „hei" will'n Sömmeranzug heb'n.
Dat ward nist! Taun hindern Krauchdisch
klemm'n
is de olle woll noch lange gut.
Wer kiekt denn na sönne Kärls rut!

Fritze:

Ok de Sömmer hat wat Gu'es an sick:
Dreizehnmal an Da'e ba ick mick,
Kirschen, Sticke, Him-un Heilebeer'n,
alles mot in'n Sömmer riepe wer'n.
Doch et ganze beste sünd et Fest
un de grot'n Ferien ümmer 'ewest,
wenn de Gaarns alle na Rosen rukt,
un de Mutter nich te stoppen brukt.

Harwest

Hei:

Nawer, wiste mit na Häuhnderjagd?
Bi uns te Hus werd hüte Gäuse ,slacht,
wenn de Frunslüe sönne Arbeit hett,
is'n slu, wenn'n sick nich blicken let.
Ach, na'n Felle komm'we noch fräuh
'enauch!
Kumm, wi beide gaht ers mal na'n Krauch!
„'n lüttjen Sluck vorwech?" Dat's doch jewiß!
Herrlich, wenn'n mal ohne Opsicht is!

Sei:

Geiht de Harwest ers mit vulle Hand
sejenstrauend ower Stadt un Land,
süht'n kein'n,de nich rönnt un löppt,
Kamer un Kellder werd vull'epröppt.
Alles ward under Dak un Fak 'ebrocht,
nebenbi ward fleißich Maus 'ekocht,
un et morjens fräuh bien Räubenro'n
söcht'n drieste de Fusthanschen schon.

Fritze:

Wenn de Vöjjels wechtreckt un de
Dampplauch piept,
Äppel,Beer'n un Knetterlinge riept,
wenn we mal in Nawers Gaarn stiet
un de besten Wiendrub'n afkriet,
wenn in allen Kettels ward wär Maus 'eräuhrt,
un de Mutter mit uns na de Misse fäuhrt,
un in blaue Luft de Draken stiet,
is de wunderschöne Harwesttied.

Winter

Hei:

Huch! Wat is dat but'n vor'n We'er!
Hale mal de lange Piepe her!

Nawer; wenn ok alles haust't un snoppt,
en lüttjen Skat ward doch ‚ekloppt.
Mutter, mak uns mal en derben Punsch,
un denn hett we wie'er keinen Wunsch.
Sniet't un reenget't but'n ok mit Moll'n,
hindern Ob'n werd w'et woll utholl'n!

Sei:

Wenn de Sneisturm an de Schieben kloppt,
werd vor allem ers mal Strümpe stoppt.
‚n Harwest is doch alles lie'n ‚ebleb'n,
endlich kann'n sick mal Tied tau nehm'n.
Awer denn kümmt wär et Slachten ran,
de grote Wiehnachtsarbeit for'n Mann
un dahinder glieks de Prillekentied –
of de Frunslüe woll mal Rauhe kriet?

Fritze:

Wenn de Äppel in'ne Röhre bra't
un de Weesche ower Riet'n kla't,
wenn de Meekens heimlich knütt't un stickt
un et ganze Hus na Dann'n rückt,
un wie Jungens stürmt na de Slickerbahn,
un et a'ms tut't de Wiehnachtsmann,
glöw ick nich, dat ji noch lange strie't,
de Winter is jo doch de beste Jahrestied!

Nich in't Handwerk pfuschen

Et hat elwe ‚eslahn, de Schaule kümmt ut,
De Kinner kommt mit Juchen rut,
un knappe sind se vor de Dör,
dunn geiht all owernander her.

De Bäuker fleiht na all'n Siet'n –
o schöne, sel'je Jungenstiet'n!
„Uff!" stöhnt de Kanter Kriegenburch,
„für heute sind wir damit durch!

Da ärgert man sich täglich rum;
die Bengels sind auch gar zu dumm,
und eh das Einmaleins erst sitzt,
hat man ja beinah' Blut geschwitzt.

Das Schulamt ist doch oft recht schwer."
Da kloppt et but'n an de Dör, -
„Herein!" Un rinn kümmt ganz erbost
Frau Schnawwelenz un lejjt glieks los:

„Dat kann nich mehr so wi'er gahn!
Sei hett mick mien'n Fritzen, eslan..."
De Kanter hört ers stille tau,
dunn sejjt 'e, "Aber liebe Frau,
bezähmen Sie doch Ihre Wut,
dann redet sich's nochmal so gut.

Ich kann bei Ihrem Fritz mitnichten
auf meinen treuen Stock verzichten;
denn Worte – schlägt er in den Wind.
Er ist mein größtes Sorgenkind."
„Um Fritzen is't mick nich jedahn,
ick wett, der kann'n ganz Deil vordrahn,
um den mak ick nich düt Theater,
doch wutau hett wie unsen Vader?
Na'n Arbein fröjt de gar nist na,
hei sejjt, dat stört ne int Vordaun.
Ja, wutau is 'e denn awer da?
Denn soll he doch de Jungens haun!
Denn hat sein Leb'n doch ok en Zweck!
Süs denkt hei bloß an Wost un Speck!"

Konfirmandenstunde

Et is inne Konfirmandenstunne.
De Paster sejjt von Gottes Treue,
hei sejjt von Menschensünne un - schuld
un wat dahinder kümmt: de Reue.
Denn kiekt'e fründlich in de Runne:
„Wer von euch weiß, was Reue ist?"
Da meld sick ok en lüttjen Christ:
„Dat is ne Krankheit bei die Hunne!"

Lüttje Wiehnachtsjedichte

Ick bin de lüttje Wiehnachtsmann
Un sleepe, wat ick sleepen kann.
Ick bin mien Vader ut'erückt.
Hei harre mick na Post eschickt.
Ick sollte aber harre lopen,
weil in Druxbarch de Kinder all ophopen.
Ick aber dachte sau bi mick,
jetzt makste mal dien Meesterstück.
Du dröchst't de Kinder sülben hen,
denn sühste gliecks, wu't nödij deit
un sühst ok gliecks,of se sick freut.
Doch halw un halw is't mick jerüt:
na Druxbarch is et tau te wiet.
Ick harre't mick nich sau swar edacht.
Nu stah ick hier in sticke Nacht,
un wett in Dorpe kein'n Bischeid!
Vor jede Hus – und Hoffdör steiht
en oll'n Hund un will mick bieten
un mick en Sack von'n Puckl rieten.
Von't Sleepen bin ick krummelahm,
wu sall ick bloß hen mit den veelen Kram?
Ick schüddele inne Ecke hier hinn'n.
Denn wärd et sick woll wecke tau find'n.
Un nu geiht kattewitt na Hus.

Of woll de Vader schill'n deit?
Of hei mick woll dat Fell fullsleit?
Nu bin ick doch en betchen bange;
sönne Vaders fackelt jo nich lange!
Ick bin dock ümmer artich ewest,
un ick denke, sau dichte vor't Wiehnachtsfest
ward hei mick woll ok nich mehr hau'n.
Ick will't ok ganz jewiß nich wär daun!

Jistern am't heww' ick noch mal vorn Hoff ekiekt,
da kam von Groppendorp de Wiehnachtsmann e-
sliekt.
Ganz deutlich se'e hei tau sien Knecht:
„ Jetzt prüfst du die Schularbeiten recht
und siehst du, daß bei einem Kind
sie ordentlich und sauber sind,
dann machst du an die Tür einen Stern.
Zu solchen Kindern geh ich gern.
Findest du aber einen Bösewicht,
der nicht mal kann sein Weihnachtsgedicht,
nachlässig ist mit seinen Sachen,
da sollst du gleich drei Kreuze machen,
damit ich ihm statt schöner Dinge
nur eine große Rute bringe."
Un damit jungen se beide wie'er.
Mick war et garnich einerlei.

In Singen heww ick jo ne Zwei,
doch darop kümmt et man nich an!
Nä, wer schön reeken un schrieben kann,
dat is wat for den Wiehnachtsmann,
- un da hewwe ick man bloß ne Vier!
Ick harre mick järn en Wagen bistellt,
weil mien olle schon tesammefällt.
Un de Stellmaker makt nist ohne Jeld.
Un de Smett sleit nich einmal op't Isen,
man mot erst en vull Portmannee vorwisen.
Ok en paar Appelschimmels harr'ck järn.
Darut wird woll nu alles nist wär'n.

Oder of ick mick doch mal biqueme
un hüte am't et Reekebauk nehme,
un inne Fibel steeke de Neese?
Ick bruke jo nich laut te lesen,
denn wenn die beiden mien Stamern hört,
wärd gliecks drei Krüze anesmeert!
Wenn't Slickern noch sau knorke geiht:
Hüte will ick mal tehuse blieb'n.
Hüte wär ick mal reeken un schrieb'n.
Wat'n doch nich alles for Appelschimmels deit!

En Niejahrswunsch

Wat ick Dick hüte wünschen wolle?
Dat Du et Glücke nich vorpaßt,
un wenn't mal Botter reen solle,
dat Du denn ok ne Schöttel hast!

Theaterstücke

En Kaffeeklatsch

Mitspeel'n daut:

Rieke Plünn'n
De Snurrsche
Liese Fromm'n

(In de Midde in de Stuwe steiht'n Disch mit drei Tas-
sen, ne Kaffeekanne under de Kaffeemütze un'ne
Schöttel vull Prilleken. Drei Stäuhle umme rum. Rieke
sitt op ein'n un mehlt Kaffeebohn'n.)

Rieke:
(se tellt)
      10,11,12,13. Nu is't woll nauch!
      Ick wäre doch sau dumm nich sien
      un de sö'n guen Kaffee jeb'n,
      wu ick doch man' ne Wittfru bin:
      En betchen Zikorjen kann ick drieste nehm'n.
      De starke Kaffee stijjt se bloß'te Kopp,
      süs hört se gar nich wär mit Drinken op!
      Eine Kanne vull is jo all gar.
      De mößte jo recken for uns paar.
      For jeden sünd acht Tassen dr'inne.
(Se stellt de Mölle afsiet.)
      De Snurrsche harre letzt ne Sorte,
      als wie Bulljong von Hawersprü,
      un datau jaw't ne Appeltorte –
      da moßt'n mit de Bare bi.
(Se knütt't.)

Sön betchen Chor is doch tau schön!
Et einzije, wat'n von't Leb'n hat.
Erst jiwt'n Anken un Jestöhn,
wat jeder for'ne Krankheit hat,
Un denn geiht't ower de Kärls her;
se doget nist alle tesamm'n.
un ordentliche Deinstlüe jiwt't nich mehr,
un ümmer frecher ward de Krabb'n.
De eine Kanter haut te veel,
de andere Kanter haut nich nauch.
De eine Nawer süppt bie't Speel,
de andere dort nich na'n, Krauch.
Manch ein'n klinget woll et Ohr
von sön olt zünftij Chor!
(kiekt na de Uhr.)
Nu is't doch balle woll sau wiet?
De Snurrsche mot stets de Erste sien.
Klocke sieben is ümmer öhre Tied,
denn mot öhr Olle in't Bedde stien.
Da kanne nich vorhungern un frürt nich dot,
un sei spart Licht un Koll'n un A'mtbrot.
Jetzt kümmt se schon, de trampt wie'n Mann.
En Tritt hat de wie en Soldate
un'n Mulwark wie'n Afkate.

(Rieke geiht de Snurrsche entjejen un wundert sick.)
'n A'mt, Mieke!
Du kümmst jo mit de Füerkieke?

Snurrsche:
(patzich)

No ja, bi dick is't doch nie warm.
Et ritt mick hüte in Bein un Arm.

Rieke:
(afsiet)

Täuw, Katte! Da hew 'ick all mien Fett,
ehr sick dat Wiew mal hen 'esett't.

Snurrsche:

Ach Rieke, haste denn kein Küssen?
Op'n Brettstauhl kann ick et nich missen.
No, denn jiw' rasch mal eine in!
Du glöwest nich, wat ick döstich bin.
Mien brune Kohl war te scharp jerahn.

(Se mustert erst mal alles)

Hast jo de Decke links op'edeckt!
Denkst woll, dat et for't Chor henreckt?
Hast jo nich mal'n betchen Zucker stahn,
denn kann'n en Kaffee besser vordrahn.

(se drinkt beide un knütt't.)

Rieke:

Wu is denn man noch Liese Fromm'n?

Snurrsche:

Dat kann wär nich tejange komm'n.
Et is un bliwt en Wunderhauhn.
Sien Kärl mot 't alles vor se daun,

un trotzdem kümmt' nich ut'n Klüten.
Dat solle man hüte noch rutsmieten.

Rieke:

Krischan Fromm'n is tau dumm 'ewest!
Hei sach, dat se alle um't rumfaten
un hat se sick doch ophülp'n laten;
Ick wett et noch, opt Landwehrfest.

Snurrsche:

Un wu't sick ümmer rutstaffiert,
man alles bloß sau um'eslürt.
Un wu't bien Gahen en Kopp noch smitt.
Dat höllt uns beide noch vor dumm.
Moßt mal drop achten, wu et knütt't,
dat schafft'n A'mt nich teihn mal rum.

Rieke:

Man stille! Et kümmt!
'N A'mt Liese! Du bliwst jo sau lange.

Snurrsche:

Dat is doch ümmer dat olle Lied.
Et kümmt einmal nich fräuher tejange.

Liese:
(en betchen schlünzich an'etreckt.)
(spitzfinnich)

Ick harre Besuch inne A'mttied,
Pastersch un Kantersch wörrn da.
Denn fröjjt'n nat Chor nich mehr veel na.

171

Rieke:
Ach, ji sünd olle Stänkerware!

(beschwichtijend)
Nu kriet jüch bloß nich inne Haare!
Kumm, lejj man af un denn nimm Platz.

(will inschenken)
Huch,dat is jo man bloß noch Satz!
Täuw man ! Ick hewwe glieks wär frischen.

(nimmt Kanne un Mölle un geiht rut)

Snurrsche:
Da will se bloß noch Water tau mischen.
Wat de woll wär terechte brut!
‚N Zikorjen smeckt’n bob’n rut.
De Melk is mick ok veel te blau;
’t is Magermelk, ick true se’t tau.
Un kieke mal düsse Prillekenfoppen!
Da mot’n sick jo anne stoppen.
Hushoch sünd se wär op egahn,
un nich en Fatz Botter hat se in’edan.

Rieke:
(kümmt un schenkt in)
Drink man, du bist noch in Rüestanne!
Wie beide hett all eine Kanne.

Snurrsche:
(kann sick nich sacken)
De Paster wolle dick woll mal fran,

wurumme du ümmer inne Kerche slöppst?
Un de Kanter sall bloß ju'n Dreesen nich slan,
dat du dick da de Hacken aflöppst.

Liese:
(pinnich)
Ach, wenn'n mit jebildete Lüe vorkehrt,
dat is doch ganz wat anders!

Snurrsche:
Denk mal an Justen Ganders.
Dat wußte ümmer jenau ,wat sick jehört
un wolle ganz wat Jebildetes sien,
un mot nu en Linnewewer frien.

Rieke:
(nietich)
Mot sejjste, mot? Or is dat wahr!

Snurrsche:
Jaha, da kümmt de Adebar!
(Se et't un drinkt ümmer dullder.)

Liese:
(ankt)
Ick hewwe sönne Koppweihda krejjen.

Snurrsche:
(lacht)
Da is dick de Bildung rin'estejjen,
de find da kein'n rechten Platz
un stritt sick mit'n Kaffeesatz.

Liese:

> Brukst gar nich ümmer sau te spieten.
> Du kla'st doch stännich ower Rieten.

Snurrsche:

> Da kann ok keinder wat von sejjen,
> dat hew ick ok bien Räubenrohn'ekrejjen.

Rieke:

> Nehmt doch mal beide Balderjahn,
> dat sleit bi jede Krankheit an.

Snurrsche:
(tau Liesen)

> Dat jiw man du mal dien' Mann,
> de makt sick jetzt an andere ran.
> Sau wie hei mal en Lüttjen 'edrunken,
> denn schäkerte glieks mit de Junken.
> Mit Emma'n Saft hat e sick an'eglustert,
> se hett ok schon tesamme pustert.
> No ja; man kann'ne ja vorstahn,
> dat treckt sick wenichstens propper an.

Liese:
(fährt op)

> Nu kumm mick awer nich te wiet.
> Du platzt jo balle vor Gnatz un Spiet!
> Rieke, jiw mal mien'n Umhang her!
> In sönne Jesellschaft bliew' ick nich mehr.

(geiht jekränkt af)

Snurrsche:

Is denn de olle Kruke rut?

Rieke:

Du makst et awer ok te gut!

Snurrsche:

Ach wat, ick harr't all lange in'n Sinn.
Ick moßtet mal de Wahrheit sejjen.
Nu hat se't klutendicke krejjen.
Taun Sönndach stell't sick doch wär in.
(steiht op)
Täuw man, ick gahe ok glieks rut,
süs makt Jabusch de Lampen ut.
Satt bin ick, un mien Garn is all,
nu sejj mal, wat ick hier noch sall?
De paar Prilleken liet da sau vorlat'n,
ick will se man for mien'n Oll'n fat'n.
(stoppt se in'n Knüttebüdel)
'N Sönndach na uns - un Wiedersehn!.
(nimmt de Füerkieke un treckt af)

Rieke:

Sön betchen Chor is doch tau schön!

(Vorhang fällt)

En Slachtefest

En Fassla'mtspeel in drei Akten

Mitspeeler:

Karl Leppin	en Bure
Karline	siene Frue
Heindrich	öhre Sohne
De Westentiensche	ne Striekefrue
Peek	en Schauster
Anna	siene Dochter
Sturm	en Husslachter
August Klump	olle Vadder opp'n Howwe
Rejenär	en Postboe
Nawers,Meekens, un Dorpjungens	

Tied: Wie't noch keine Isenbahne jaw.

1. Akt

A'ms in Leppins öhre Küche
(Burenküche. Ummeher stat Mollen, Wannen,
Emmern, Pötte,Hackebrett un Stumpisens.
Vorne dorch ne Banke mit ne grote Wanne
Karline steiht davorr un schürt dat Jeschirre.)

Karline:

> Wat doch alles tau sö'n Slachten hört!
> Putzen un kleien, schobb'n un schüren –
> un alles mot'n wär owertüren,

un alles ward wär vull'esmeert. –
Dat nennt de Minschheit denn noch en Fest!
For de Mannslü' is't jo ok ümmer ein e'west,
de denkt denn bloß an'n Brennewien,
un vullens mien!
De meint, hei mott de Dullste sien
un lett sick denn nich underkrie'n.
(fällt mäue opp'n Küchenstaul)
Wu mache denn man bloß wär sien?
Hei solle't Bräuwater noch runderdra'n,
na'n Strohring wolle'k ne ok noch fra'n...
Ick wett et ganz jewiß,
dat de nich fertij is.
Hei is un bliwt en Lodderjahn!
No, ick hä' miene Schuldijkeit 'edan.
Ne Frue ward alles oppebürd't,
wu'n doch et Öllder ok all spürt!
Süs is sö'n Slachtefest
En Kinderspeel for mick 'ewest -
un nu geiht mick de Grul all an,
wenn de Slachtedag rückt ran;
Ick glöwe nich, dat ick't noch lange kann.
(dreiht den Kopp)
Hier dorr'k mick garnich mehr henfaten,
ick mößte mick grade mal strieken laten –
(geiht an't Fenster un röppt en Jungen)
„Du, Fritze, lop mal na de Westentiensche,
se sall mal na mick runderkieken
un mößte amenne mick mal strieken,
oder foorts mal düchtij knoll'n."
(Süht den Korf mit Boll'n)
Achtu, hier staht jo noch de Boll'n!

Denn will ick se mal glieks noch schell'n,
sünd we nachher erst in't Vortell'n,
kann ick mick dabi nich oppholl'n.
(pellt se alleheile unlustig)
Nimm't denn gar kein Enne et Quelen?
Jewürz un Pöpper is noch te mehlen,
en Semp vorlesen un en Kümmel weih'n,
de Twiebäcke noch dorch de Mölle dreih'n,
denn - Kleine Klümpe möt et morjen sien;
de hört taut Slachten, wie et Swien!
(Et kloppt; de Westentiensche in ne vijolette Paß-
mantel, swarte Mütze un mit en groten Henkelkorf
kümmt.)

Westentiensche:
Gu'en A'mt, Vadder Leppinsche!

Karline:
Gu'en A'mt, Westentiensche!
Ji moßten noch von A'mt her,
ick konne jo nich mehr!
Ick wett nich, wu de Kopp mick steiht,
dat ganze Krüz is mick vordreiht.

Westentiensche:
(hat bihand affelejjt)
Denn hale man de Hutsche ran.
Denn will ick mal sau harre, wie ick kann.
(krempt de Arme op)
Wu fänge ick denn nu mal an?

Karline:

Man glieks hier bob'n in't Jenicke –

Westentiensche:

Da hast't jo ok klutendicke!

Karline:

Da liet't mick wie ne Zentnärlast –

Westentiensche:

Kein Wunder, wu du sau veel Arbeit hast!
Ick dachte ümmer, du neihmst en düchtig Mee-
ken?

Karline:

Dat hew'ick Sönndag wecheja't.
Bi de Arbeit war et nich te spreeken,
dat dachte jo bloß noch an'n Staat -
un Flittchenkleeder paßt nich in'n Stall.
Dat Lohn war ümmer all.

Westentiensche:
(durt se wat)

Nä, Vaddersche , wat biste stief!

Karline:

Jetz haste'n richtijen Plack 'efat't,
da bliew,da bliew!

Westentiensche:

Ja, ja, et is nu mal ne andre Welt,
Ick kann nich sejjen, dat se mick jefällt.

Karline:

Hast'enn nich en betchen wat Nies'ehört?

Westentiensche:

Ah doch, Kochs is en Pärd mallört,
dat swarte, mit de groten Blässen;
sei wörrn grade bi et Stallutmessen,
dunn jing et los mit de Kolike -
un Röwers hett de Swienesüke

Karline:

Achtu, dat is en groten Schaden.

Westentiensche:

Denn sejjet se in Harwest Laden:
Oll'n Jabken is de Frue wej'elopen.

Karline:

Wat du nich sejjst! Wurumme denn dat?

Westentiensche:

Acht Dae harr'hei rumesopen,
wie't schiene, war hei na nich satt,
Nu is se na de Ölldern 'etreckt,
weil't Wochenlohn man bloß tau'n Brennewien
reckt.
Fuul is de Kärel, de könne stinken.

Karline:
(steiht op, halt alles ran)

Mehr kann ick nu nich mehr erdra'n,

Westentiensche:
    Ick hewwe ok mien Harrste dan.

Karline:
    Nu will we erst ne Tasse drinken,
    et steiht noch wecken in'n Om'n,
    den Slachteklump will we nu ok mal prob'n
    et is dick wecke mit'n Juß.
    Drinkste denn Melk?

Westentiensche:
    Ah ja, en Schuß.
(Et't un drinkt mit Andacht)
    De Vieringesche fehlt mal wär en Hauhn,
    se hat et all drei Dae 'esocht,
    un Wewers willt wär Döpe daun,
    denn hett se't op ne Halfstie 'ebrocht.
    Passiert veel Nies, selten wat Gu'es -
    Will denn jue Heindrich na nich frien?

Karline:
    We könnt ne jo erst nich tau krien.
    Wie mößten ne blank mal eine säuken,
    als olle Vetter solle nich rumspeuken.

Westentiensche:
    Wu wörr'et mit Buer Murrjahn siene?

Karline:
    Dat is ne olle Fäueltrine
    un is ok all in't olle Rejister -
    un hat tau veel Jeswister!

Nä, jung mott se sien, flink mott se sien
un ok ne gu'e Mitjiwt krien.

Westentiensche:
Dat is en betchen veel op ein'n Male,
no, jiw mick man erst noch ne Schale,
denn kann'n sick besser wär bisinn'n
(hölt de Tasse hen)
wi ward schon noch wat passijes finn'n -
wu is et denn mit Idan Schacht?

Karline:
Da hä'ck ok all an 'edacht.
Dat süht man awer ümmer ut,
als wolle et noch höjjer rut.
Ick glöwe nich, dat dat en Buren nimmt.
Dat täuwet, bet en Paster kümmt.

Westentiensche:
No, schenke man noch eine in -
Mick fällt schon noch wat in.
Ach Vaddersche, dien Klump is ganz wat gues
da haste woll ok schön wat innedan?
Mien is mick na nich einmal sau jera'n.

Karline:
Itt man, den andern nimmste mit na Hus.

Westentiensche:
Ick kann nich mehr, ick stöte jo all op!
(stöhnt, awer höllt den Dopp hen)
Bloß noch en Dopp vull Kaffee drop.

Un nu will ick d'rjejen gahn
un wejen ne passije Brut ratslan.
(deip nadenkend, dabi packt se den owerlei'jen Kau-
ken in)
Jetz eb'n schütt't mick dorch en Kopp,
da heww'ek garnich an 'edacht. -
,De Lüe sejjet jo, hei geiht na Anna Peeken!

Karline:
Mien Heinderich? Dat wörre woll jelacht!
Mien Heindrich un en Schaustermeeken?
Dat paßt tesamme wie Koorn un Queeken!

Westentiensche:
Doch, Tinshahn het se seihn en Sönn-
dachnacht,
da sünd se erst en Schur spaziern 'egahn,
un nachern hett se in de Hoffdör ' estahn.
Hei hat se öfter all na Hus 'ebrocht

Karline:
Denn hat hei sick jo schön wat ut'esocht!
Mien Heindrich un en Schaustermeeken!
Davorr mött we en Sticken steeken!
(Se hurkelt sick tesamme un ratslat lieseken)

Karl:
De sünd jo beide sau vorrsunken –
wie't schient, kann dat noch lange duren,
denn ga'k nochmal na Kräuer Schuren,
ick hewwe sauwiesau te wennij 'edrunken.
(Wie hei 'ekomm is, geiht hei wär,dat'n keinder hört)

Karline:

Dat solle den Schauster woll jefallen,
sick hier in unsen Hoff te setten!
Da hatte awer mick vorrjetten!
De sall ut alle Wolken fallen.
Wi mött se ut'nander krien,
un du moßt mick behülplich sien.
Ut düsse Friejat dorrt nist wär'n!
Wat du vorrlangest, jewe ick järn.

Westentiensche:

Da leite sick mal ower köär'n-
Harrjes, wie späde is't denn schon?

Karline:

Klocke teine is't jenau,un hier dienen Lohn

Westentiensche:

Denn mot ick gahn, süs slütt de Vadder tau.

Karline:

Ick will dick noch n'paar Eier inlejjen,
un denn, - jo keinen wat von sejjen!

Westentiensche:
(nimmt de Eier in'n Korf un hewet de Hand)

Du kannst dick ganz op mick vorlaten,
Ick will de Sache dick schon richtij faten.

Karline:

Un soste se ut'nander krien,-
denn – denn kriste de Slacke von düt Swin!

(de Westentiensche nimmt de Mantel un den Korf un geiht.)

De Westentiensche, de vorrsteiht't!
Erst stoppt se sick mit mienen Jußklump ut,
un wenn denn nist mehr rundergeiht,
denn kramt se öhre Weisheit rut.
De Schreck sitt mick in alle Knoken,
nu heww'k se miene Wost vorsproken,
da ward se woll öhr Harrste daun.
Ick mot de Sache hinderdrieb'n,
un sall ick annenieme Breiwe schrieb'n.
Dat sall jo jetzt recht Mode sien.
Da kann'n deip in't Harte snien,
un keinder kann ein'n bie'n Kragen krien.
Süss is't woll bloß wat vorr groote Sünder -
wat makt'n awer nich alles um de Kinder!

(af)

Heindrich:
„Der Horcher an der Wand
hört seine eigne Schand!"
Sau hat et mick jetzt ok 'egahn.
Ick konne jo nich veel vorrstahn,
doch sauveel hör ick bob'n rut,
de hett wat jejen miene Brut! -
Als of et noch en besser Meeken jiwt!
Wie sönne Rausenknospe süht et ut.
Ick bin dat lüttje Anneken sau gut.
Ick frie et doch; un dabi bliwt't.
Ick friee nich na Gut un Jeld,
ick nehme dat, wat mick jefällt.
De Olle will saugar de Wost reskieren,

denn mott ick Sturmen man mal instruieren.
Bi dem bin ick gut an'eschrebb'n.
Düt Swien dorrt keine Slacke hebb'n!
(af)

Karl Leppin:
(torkelt von de andere Siete in de Küche)
„Wuveel Spaß makt doch en Glas bayrisch
Bier,
Wer't erst wett, nich mehr lett von't bayrisch
Bier."
Sünd denn de Fruenslü nich mehr da?
de hett woll fräuher Schluß 'emakt,
wenn bloß Karline nich mehr wakt!
Wie't schient, is de Olle nich mehr da.
Se makt glieks ümmer sö'n Trara.
un schilt sauveel op mienen Döst.
(speelt sick sülben Theater)
Ick glöwe, ick bin n grot Schap 'ewest.
Wie ick wedderkam na Kräuer Schuren,
dunn war da noch sö'n Rusch tesamme,
se waren alle höllsch in Jange,
un dein warraftij op mick luren.
„Hast du noch mal Vorrlöw 'ekrejjen?
Wi wett't da garnist tau te sejjen!
Vorr Lachen keim'n se ut'n Aten.
Dat konn ick mick nich jefallen laten.
Dat willt we seihn, reip ick vorr Wut,
Jetzt jew'ick erst mal einen ut!
Un Morjen slacht ick en Fiefzentnärswien!
Ick lae jüch alle datau in.
Denn könnt je glieks de Bratwost stumpen.

Nä, Karl Leppin lett sick nich lumpen.
In acht Dae kümmt se ut'n Rook,
denn kommt wi allehope wär
um düsse Tied na'n Krauge her,
un denn - willt wi de Slacke eeten,
un Prösterken maken wilt wie ok!
- No, dunn war alles schön un gut.
Bi Schuers harr'k noch sönn'n Mut,
un hier krie'ick dat Angestsweeten. -
Ick bin in grote Swulitäten.
Wu bring ick dat Karlinen bi?
Ick kann doch nich terüehaken!,
Ick kann mick doch nich lachhaft maken.
Nu bin ick in Ängesten, wie noch nie!
- Sall ick mick hinder Sturmen steeken?
Op sienen Bistand kann ick reeken.
Ick will ne alles haarklein sejjen,
hei mott de Wost bisiete lejjen.
Denn ward se heimlich oppejetten,
Karline brukt et nich te wetten.
Et kann jo sien, et glöwet dat:
Det Swien hat keine Slacke hat!
Doch wehe, kümmt et jemals rut,
dann sta'ck noch wat ut!

(af)

2. Akt

Bi Peeks in de Schausterstuwe

De Schauster:

Ick wett'et nich, wat hüte mit mick is!
De Arbeit will mick gar nich vonne Hänne.
Vor lauter Unrast komm ick nich op't Enne.
Dat is et Ölder, ganz jewiß!
En Brill hewwe ick all dreimal blank 'emakt,
un ümmer isse wär wie swart 'eblakt.
Un dabie is et Harte mick sau swar.
Sau war et akkerat vor twintich Jahr,
wie mien Lieseken von mick jing;
leit mick alleene mit dat lüttje Ding.
Ick war vorzaget. Et fehle nich veel dran,
dann wör ick hinder Lieseken dorch'egahn.
Doch kam ick dann wär anne Weeje ran,
dat lüttje Meeken kieke mich sau an,
denn owerkam et mick, ick dorr' et nich.
Wiet ower miene Qual steiht miene Pflicht.
Denn unse Herrgott hat mick bi'estahn,
un ick hewwe still mien Herzeleid 'edra'n.
Dat lüttje Meeken is nu all grot.
Un ümmer mott et froh un fründlich sien
un niemals lejjt't de Hänne inn'n Schoot.
Et is vor mick en wahren Sunnenschien.

Anneken:

>No, Vader, de Arbeit is mal wär 'eda'n!
>Et is doch gut, wenn'n fräuh damit anfänget.
>Ick hewwe de Wäsche op'n Bodden
>'ehänget,
>denn buten jing se doch bloß himmelan.
>Du hast doch dat Füer nich vorjett'n?
>Ick mott doch noch Kartuffeln opsett'n.

De Schauster:

>Mien Anneken, mien Sunnenschien!
>Herrgott, lat't ümmer glücklich sien!
>(Rejenär kloppt an)
>Ach, is ja Vadder Rejenär.

Rejenär:

>Morjen, Meester! Nä, is dat'n Weer!
>Ick mott mick hier erst mal opbeekern
>un'n Krewwel ut de Neese rökern.
>Wu geiht't denn noch? Jeschäft noch gut?

De Schauster:

>Allewiele süht't jo nich bisonders ut,
>hindern Ob'n ritt keinder wat kaputt.
>Un ut de Stadt halt se dat Niee
>ick hewwe bloß noch Flickeriee.
>Mal is'n Reuster los, mal sünd de Hacken
>scheif.
>Wi hätt d'r awer unse Utkomm'n bie.

Rejenär:

Ach sau, hier is vor Jüch'n Breif.
Un nu will ick man rasch wär gahn.
Ick hewwe noch'n ganz Deil ut'tedra'n

Westentiensche:

Ick wolle mick man bloß mal rauhn,
du kannst da järn wat bi daun.
Lat dick bileiwe jo nich stören,
man geiht doch ok mal bloß op't Köären,

Schauster:
(bi sick)

Dat fäuhlt en Blinder ohne Krücken,
de Ollsche hat wat op'n Sticken.

Westentiensche:

Hast't all 'ehört? Nawer Leppien
slacht hüte en Fiefzentnärswien;
denn balle sall Vorlobung sien.

Schauster:

Wu hat denn Heindrich eine here?

Westentiensche:

Ach dat is'n groten Buren öhre,
da hinnen, war hei in'tHoltlanne,
se het sick jo all lange schrebb'n,
doch ümmer kam et nich testanne. –
Et sall ne grote Mitjift hebb'n.
Jue Anne harr' ne noch am Banne,

Un leit ne garnich ut de Hänne.
De Sache solle doch op't Enne.
Nu hett de Olln en Trump'esett,
dat hei sick nich te wiet inlett.
Süs makt hei se woll noch Schimp un Schanne.

Schauster:

Mien Anna un Heindrich Leppien?
Dat mot jo woll en Irrtum sien!
Dat is dat erste, wat ick höre.

Westentiensche:

Ick sitte hier, un köär' un köäre
un sall Klock tein bi Pasters sien.
Na, lat man sien, dat ward ok wär vorjetten.
Et hett sick all mehr Meekens wej'esmetten!
(af)

Schauster:
(is wie vorrn Kopp'eslan,will erst hinderdorch)
Un datau kam de Ollsche her!
Un schue nich dat slechte Weer,
un düt mick in de Plaggen smieten,
un unser Glücke interieten.
Uns Anneken, mien Sunnenschien!
Nä, nä, dat kann nich möjlich sien.
(jetzt süht hei den Breif)
Wat is denn dat man for'n Breif?
Da wett ick garnist tau te sejjen,
all Jahr un Dach schon kein'n mehr 'ekrejjen.
- Ja, geiht denn hüte alles scheiw?
Dat fäuhlt' ick hüte morjen schon,

191

de Ahnung hat mick nich bedro'n.
(lisst laut)
    „Deile dick, Schauster hierdorch mit,
    dat Anna hinder Heindrich Leppien hersitt.
    Hei will jo garnist von öt wetten,
    hei kann sick awer garnich retten.
    Et denkt woll gar, hei will et frien,
    da ward't sick in'n Finger snien.
    Vorr den is dat en schön Mitnehmen.
    Dien Meeken solle sick wat schemen!
    Den Staken driew et man wär ut.
    De hat ne ganze andre Brut."
    Un düsse Breif, vull Gall un Jift,
    de hat nich mal ne Underschrift!
(Hei stöhnt op, un lett sick op'n Schemel dal.
Da sitt hei lange,beide Hänne vorr't Jesichte.)
    Un ümmer wär kümmt mick de eine Fra'e,
    Wat is dat Leben, wenn'n et recht bedenkt?
    Man hat sick mal 'efreut, sick ofte kränkt .-
    Et Glück hat mick ok mal ran'ewenkt,
    bloß – wenn ick henkamm, war et nich mehr da.
    Wu deip nu düsse Kummer an mick fritt,
    mick noch den letzten Lebensmut utheelt. -
    Wat is dat Enne? Ick hä' doch vorspeelt!
    Nu bin ick schach; ick make nich mehr mit.
(hei starrt vorr sick hen.)
(Anna kümmt rin, breit en blau Laken ower den Disch,
schütt't de Kartuffeln ut den Pott un geiht op de Vader
tau.)

Anna:
    Nu, Vader, nu sünd de Kartuffeln gar,

Ick rück'n Schüddelstaul an'n Disch.
Dat sall mal smecken uns, nich wahr?
Du kiekst mick jo sau seltsam an,
dien Oge is hüte nich wie süs sau klar,
dien ganze Utseihn is ok garnich frisch,
Ach Vader, hast du mick vorfeert!

Schauster:

Ick ok, wie'k düt von dick 'ehört.
Kumm her un liss mal düssen Wisch!
Wu könnt de Lüe sauwat von dick sejjen,
wurumme haste dick denn nich mick anvortrut?
Kind, riet mick doch ut düssen Zweifel rut!
Sejj dienen ollen Vader, et sünd Löjjen.

Anna:

Sauveel is wahr, wi sünd uns beide gut!
Doch – Unrecht – hewwe'k nich 'edan.
Ick bin öhm'n ümmer ut'n Wej 'egahn.
Hei hat mick awer ümmer wär 'esocht.
Sien true Harte mick entjejen'ebrocht,
un hüte, Vader, will hei bi dick fra'n.

Schauster:

Du glöwest dat, du arme, arme Kind!
Du wettst na nich, wu slecht de Minschen sünd.
Ick wußt' et jo, dat du nich schuldig bist.
Du kennst de harte Welt man noch tau wen-
nich,
de schatt't den Minschen bloß na Mark un Pen-
nich;.
da geiht't nich na, wer tru un ehrlich is.

Anna:

> Na alles, wat mick hoch un heilich is,
> da willt se jierich öhre Hänne recken,
> dat willt se in den deipsten Dreck rintrecken.
> Glöw, Vader, dat et ile Löjje is!
> Doch, treckt dat ganze Dorp darower her,
> Heindrich un ick vorlat't uns nimmermehr!

(af)

Heindrich:

(kümmt frisch un fründlich rin)

> 'N Dach, Mester!

Schauster:

> 'N Dach ok! Sett dick dal!

Heindrich:

> Ick komme hüte sülb'n mal!
> Wi hett allwiele kein'n taun Schicken.
> Könnt ji mick düsse Stewweln flicken?
> Se sünd jo all hallweje deselat,
> Ick denke awer, dat se noch mal gaht.
> Ji seiht jo so bedräuwet ut!

Schauster:

(affsiete vorr sick)

> Sein Oge kiekt sau rein un klar,
> hei is kein Schuft, et is nich wahr!

(tau Heindrich)

> Mick hat en harten Slach 'edropen.

Heindrich:
(vorrfeert sick)

    Is Anna krank? Wi will't nich hopen!
    Un grade hüte harre ick mick vor 'enomm'n,
    un darumme bin ick jo ok bloß 'ekomm'n.
    Weil ick nu in de Jahre bin,
    dat ick mick um ne Frue mot kümmern
    un mick et Lebensglücke timmern,
    kam mick jue Anna in'n Sinn.
    Kann ick dat leiwe Meeken krien?
    Ach Mester, könnt ji mick et jeben?
    Ick will et häu'n et ganze Leben!
    Et sall mien ein un alles sien!

Schauster:
    Wett et denn diene Ölldern schon,
    haste de all na 'efra't?

Heindrich:
    Ick bin doch öhre einzije Sohn,
    den se immer allen Willen lat't
    wer kann woll wat op Anna'n hebb'n?

Schauster:
    Hier liss mal, wat de Lüe schrebb'n –

Heindrich:
    O, sönne Minschen! Un – ick kenn de Schrift!
    Is sauwat minschenmöjlich? Miene Ogen,
    ach, harr'n se dütmal mick bedrogen!
    Kann ick denn Anna'n nich mal seihn?

Schauster:

Nä, erst most du mit diene Ölldern köär'n.

Heindrich:

Ick seih et in. Hier mot jetzt wat jescheihn.
Ji sollt noch hüte von mick hör'n.

Schauster:

Ach, wüßt ick doch, wat dat noch jiwt!

Heindrich:

Dat jiwt en Daalslach op dat Fest
wie et in Dorpe noch nich da 'ewest.
Lat mick man maken, - dat steiht fest:
Anna ward miene Frue, un dabi bliwt't.

(af)

3. Akt

Bi Leppiens op't Slachtefest
(De Bure sitt mit de Nawers an'n Disch, se et't un
drinkt un singet na de Melodie:
„Studio auf einer Reis")

Nawers:

Unse olle Karl Leppien, jumheidi, jumheida,
de slacht hüte en Bärenswien. Jum...
Hei, da jiwt't Stich un Neiren,
lat't ok nich den Sluck infreiren!.Jum...

Karl:

Lü'e, wie is dat Leben schön!

Alle:

Wi alle sünd noch op'n Damme.
Wat sall dat Anken un Jestöhn,
sau jung kommt wi nich mehr tesamme.

Karl:

Wu is denn bloß Fründ August Klump?

Nawers:
(lacht)

De stoppt sick amenne erst'n Strump!
De olle Bursche is slimm dran,
dat'e keine Frue krie'n kann.

Klump:
(kloppt taun Gruß op'n Disch)

Nawers:

Da is hei jo, da is hei jo!
Ja, wenn't vom Deuwel sprickt,
denn kümmt'e ok schon an'erückt!
Wer ward denn bloß sau späde komm'n -
Nu erst rasch mal ein'n 'enomm'n.
(höllt ne de Pulle entjejen)
Wenn du ne Frue harrst, wörrste nich sau lange
'ebleb'n!

Klump (drinkt):
> Meinst woll, de härre mick all vordreb'n?
> Siet füftij Jahre wundre ick schon
> op düsse Welt rumtumme.
> En jeder grient mick an vull Hohn,
> als wörre ick de Dumme.
> Un dabi denkt se liekertied:
> Ach, härrn wi doch man nich'efriet!
> Da dachte ick in mienen Sinn,
> geihst mal en betchen op't Köären,
> doch wie ick wolle na'n ersten rin,
> konn ick schon butten hören:
> „Du sost dick bloß mal understahn
> un hüte A'mt na'n Krauge gahn!"
> Ick make sachteken wär kehrt,
> weil mick de Beine zettern,
> sau dulle hä ick mick vorfeert.
> Huch, kann dat Wief da smettern!
> Nä,nä, ick nehme keine Fru,
> bi sö'n Spitakel wärd'n schu!
> Nu woll ick na den tweiten gahn,
> un Licht un Koll'n sparen.
> De moßte grade'n Jungen slan
> un moßt et Meeken waren.
> Da sliekte ick mick rasch wär rut:
> Seiht sau de Ehefreuden ut?
> Sau lat't mick man ganz stilltefreen;
> olle Vetters mot't ok jeben.
> De Freiheit is jo gar te schön,
> de lat ick mick nich nehm'n.
> Ick lewe ganz na mienen Will'n,
> un keine Frue kann mick wat schill'n.

Nawers:

Hei hat ganz recht, wat hei da sejjt.
Dat is en Grund tau'n Drinken!
(alle drinkt un singet wär)
Hüte jiwt et frische Wost, jum...
de uns keinen Gröschen kost't. Jum...
Makt Karlin' ok sure Mienen,
wie könnt uns alleene bedienen. Jum...

Slachter Sturm:

(kümmt mit en Emmer)
Nu hört man balle op mit Eten,
dat Stumpen dorr'je nich vorjetten!
(alle springet op, jeder nimmt en Stumpisen, se
stumpt un singet ümmer um den Stumpeklotz rum.)
Ümmer is sö'n Slachtefest, jum...
dat Beste von et Jahr ewest. Jum...
Alle Sorten willt we proben,
un dat Swien von'n Haken loben! Jum...

Klump:

(makt de Fruenslüe en Wejenlied na)
„Miesemaukättchen, wu wiste denn hen?
Ick will na Grotvaders Huse.
Wat wiste denn da daun?
Ick will ne wat vormauen
un mick von't Musefängen utrauhn!"

Nawers:

„Da slacht wi'n Swien, da drinkt wi Wien,
da willt we mal fröhlich un lustij bi sien!"

199

Karline:
>De sünd jo wie ut Rand un Band,
>et Supen nimmt noch owerhand!

(tau öhren Karl)
>Du bist doch en tau groten Tropp,
>de freet't dat halwe Swien uns op!

(kümmt ümmer mehr in Rage)
>Sick sö'n Drasch op'n Hals te nödijen!
>Ick will dick de Lewiten preddijen!
>Un wat de hüte sau mächtij smeckt,
>ward dick en Veerteljahr af'etreckt.
>
>Du kümmst mick nich mehr ut'n Bau,
>nich einmal tau....

(Vorkleete Dorpjungens)
>Wi het 'ehört, ji hett 'eslacht,
>un hett uns keine Wost tau 'edacht!
>Wi kommt ganz wiet ut Polen,
>un willt uns eine holen!

Karline:
>Wat't ok vor olle Moden jiwt,
>un alles löpt op't Snurren ut!
>Et kümmt sau, dat nist owerbliwt. -
>Ick säuke awer de lüttjeste rut.

(halt de allerlüttjeste Wost un smitt se in'n Sack.)
>Nu smiet't se man gliecks op'n Koben,
>da könnt se öhre Wost jo proben.

(de vorkleeten Jungens lopt mit Krakeel rut.)

Slachter Sturm:
(Tau einen, de städtsch Tüch annehat:)
> Franz, sett dick mal wat op'n Kopp,
> un hale rasch en Slackenbohr.
> Steiht bi uns hinder't Deelendor,-
> un holt dick nich sau lange op!
(en Nawer puckelt Franzen de Kiepe op, de nu geiht.)

Nawer:
> Hei geiht ok richtij hen, de Tropp!
(Hinder de Bühne Larm un Quieken)

Karline:
(kümmt ut de Stuwe)
> Wat is denn dat wär vor'n Hallo?
> Man ward nich sienes Leb'ns froh!

Meeken:
> Alle Jahr um Fassela'mt rum
> geiht de Schelm in Dorpe um.
> Denn mott jeder Spaß vordra'n,
> de Unlust ut'n Huse ja'n.
> Wi kommt hier mit ne grote Bitte,
> op ji na Fassela'mssitte
> tau Nafier in'n Theatervorein
> uns nich ne Kenzelie vorehr'n dei'n?

Karline:
(schreit binah:)
> Man soll't sick doch wahrraftij nich denken,
> wi könnt jo gliecks dat ganze Swien vorschen-
> ken!

Karl:

>Ach, Mutter, rücke doch man eine rut!
>Nä sejjen könnt wi ok nich gut!

(Karline halt ne Wost, smitt se dat Meeken in'n Korf un knallt de Dör hinder sick tau. Da kümmt Franz, hei dröjjt swar, de Nawers larmt un nehmt ne de Kiepe af.)

Franz:
(wischt sick den Sweet af)

>Da, Lüe, is de Slackenbohr!

Slachter:
(lacht)

>Nanu, wat kümmt denn da hervorr?

Nawers:
(packt de Barrnsteine ut de Kiepe, lacht un fat't na de Stumpisens)

>Nu is et woll fien' e'nauch. Jum...
>Kommt, wi gaht erst mal na'n Krauch. Jum...
>Wat nütt' denn dat slechte Leben?
>Franz, de mott ne Lage jeben, Jum...

(stellt de Stumpisens bisiete. Af.)

Westentiensche:

>Gu'n A'mt, leiwe Fru Leppien!
>Kann'k denn en betchen Wostzuppe krien,
>wenn't man tau eine Mahltied is?

Karline:
(säute)

No, Westentiensche, ganz jewiß!
Sau jenau nehm ick dat doch nich.
Hier is ne Wost – un'n Stücke Stich.
Doch kümmt de Slacke ut'n Rok,
denn kriste de ok.

(ernst)

Du wetst et jo, wat mick beenget,
un mick de Rauh ut't Harte dränget.

Westentiensche:

Ick bring et fertich, vorlat dick tau.
Ick harre schon bi an'efänget,
den Schauster op'n Teen 'efäuhlt.
Ick glöwe, de hat sick afekäult.

(af)

Slachter

Hal doch mal frisch Handwater her,
düt is all wär de reinste Smeer!

(lejjt de Hand vor't Mul)

Un denn mot ick mal mit dick köärn.
Et ward mick swar, ick dau't nich järn.
Vorfeere dick man jo nich sau. –
Et geiht nich mit rechten Dingen tau.
Dat is mick na nich vor'ekomm'n.
Harre binah en halwen Dot enomm'n.

Karline:

Wat is, wat is? Du leiwe Tied!
De Kärl, - dat Swien – kumm an de Siet!

Slachter:
(dumpe)
>Ick vordra süss ne ganze Packe -
jetzt huddert't mick awer under de Jacke.
Ju schöne, rare, fette Swien -
dat mot behext west sien.
Ju Swien, ach, dat sick Gott erbarm!
Ju Swien hat keinen Slackendarm!

Karline:
(kriescht op)
>Allmächt'jer Himmel, sö'n Mallör!
Wu nehmt we nu de Slacke her?
Ick hä' se doch all ein' vorsproken,
un hä mien Wort na nie 'ebroken.
Nä, sö'n Mallör, nä, sö'n Mallör!

Karl:
>No, Mutter, wat is denn man los?

Heindrich:
(von de andere Siete)
>No, Mutter, wat haste denn bloß?

Karline:
(sackt op'n Stauhl)
>Ick bin vor Schreck ganz krank un matt.
Dat Swien - hat keine Slacke hat!
(jeder makt en Vordutzten)

Heindrich:
>Wenn da man nich de Deuwel hinder steckt!

Karl:

Wer harre denn süss sau Slechtes
uteheckt?

Heindrich:

Ick glöwe jo süss nich an Späuken,
doch düt's en Wunder, is en Teiken!
Dat sall jewiß en Menetekel sien!
Amenne geiht de Welt nu under -

Karline:

Huch nä! Un denn sau ganz in Sünn'n -

Karl:

Ick krup in't Heu, da kann mick keinder finn'n.

Karline:

Du bliwwst bi mick, da gaht we beide under!

Heindrich:

Sall ick denn sau alleene sien?
Oh Gott, ick mößte blank noch vorher frien!
Wat sall ick denn noch lange säuken?
Ick gah' mal rum na Anna Peeken.

Karline:
(sau halw stark)

Dat is doch bloß en Schaustermeeken!

Slachter:

No, wenn de Welt doch balle undergeiht,
is't doch egal, wer't wär'n deit!
Hier hat ne höjjere Macht esproken!

Heindrich:
Da dorrt sick keinder jejen wältern,
ok ji nich, miene leiwen Ölldern!
(af)

Karline:
Mick zettert un böwwert alle Knoken.
Mien Harte deit wie'n Döscher kloppen.
Wenn ick de Westentiensche dat vortelle,
un ok de Foljen vor se stelle,
de glöwet't nich mal, de is nich sau dumm.
De dröjt mick noch in Dorpe rum.
De mött wie rasch den Hals noch stoppen,
dat se nist von de Slacke sejjt!

Karl:
Ne Fleisenwost is ok nich sau slecht!
Mehr brukt se nich, de Welt geiht doch balle
under.
Un wie hett unse Swien vorher noch runder.

Heindrich: (mit Anna)
Hier, Mutter, bring ick miene Brut!
Süht de nich wie en Engel ut?
De kann alle Deuwels op einmal vordrieb'n,
- un darumme sall se ok glieks hierblieb'n,
un dick en betchen ter Hand mit gahn.

Karline:
Makt wat ji willt, ick fate nist mehr an.
De Schreck greip mick te dulle an.
(Nawers kommt.)

Ach,- sünd denn de all ok wär ran?

Nawers:
Sön fidele Slachtefest, jum...
Is woll na nich da 'ewest. Jum...
Is de Slacke ok flöten egahn,
kannst uns jo en Burhasen bra'n! Jum...

Karline:
Makt wat ji willt, ick late alles gahn;
de Slacke hat mick en Damp'edan!

Enne

De Eernkranz

Mitwirkende:

Andreas Ulenhaut
Marie Ulenhaut
Hans Holm
Grete Ulenhaut
Franz Polterjahn
Fritz Ulenhaut
Der Großknecht
Die Großmagd

1. Aufzug

Andreas Ulenhaut: (sett sick op de Bank)
    Et Dagewark is for hüte vollbracht!
    Ach ja, man hat sien Deil wär'edan.
    Klocke viere sünd wie ope'stahn
    un könn'n nu drieste te Bedde gahn;
    Doch tauschön is de Sömmernacht!
    Ick mot mick hier en betchen noch afkäuhln
    un en lüttjen Priem ut de Weste feuhl'n.
    Mariechen, kumm doch ok en betchen her
    und bring ne Pulle Oltbier mit!

Marie:
    Ja Andres, glieks bin ick sau wiet.
    Ick kieke bloß noch einmal na de Farken.

Andres: (für sich)
De Frue hat ümmer keine Tied!
(laut)
Hier kümmste her,
du sast nu ok nich mehr!
Du möchst de ganze Nacht woll
rumfurwarken.

Marie:
Ick komme jo all! Nu prahle man nich sau;
drink liewer mal, un proste mick mal tau!

Andres:
Deit dick dat Utrauhn denn nich gut?

Marie:
Ach ja, man hölt't all mal ganz järn ut.

Andres:
Du denkst bloß ümmer, du moßt tejange
sien!

Marie:
Na ja, wu sall ick süs de Arbeit fertij krien?
Ji gaht doch allemal na't Feld,
un wer te Huse sick nich düchtij ranhölt,
de schafft et nich; denk mal, dat veele Veih!

Andres:
Ick wett et jo, du arbeist noch for drei!

Marie:
Nich mehr wie du, de ümmer löpt un rönnt.

Andres:
Ick dachte jo ümmer, Fritze wolle frien,
denn könnste balle junke Hülpe krien;
doch leider süht et nich sau ut.
Hat hei denn nich en betchen wat von Brut?
Du wettst et woll un wist't mick bloß nich
sejjen,
wu is hei denn vonabend hennegahn?

Marie:
Ach, Vadder, du kanst awer dumme fran.
Wettst doch, dat Dienstag sien Wejgaha'md is.
Un denn wolle mal rum na Treers,
de het jistern nie Päre krejjen,
un nu se'e de Schaper, et wörn Sleers.
Um de Päre is'nt woll wenijer jedan,
ick glöwe,hei will en betchen na Lieschen gahn.

Andres:
Na Lieschen Treers? Dat soll' mick awer freun,
wenn ut de beiden mal wat wären könne;
denn keime de Hoff un wie in gue Hänne.
Dat Meeken is fründlich , smuck un kann sick
rö'n,
un wenn et Fritzen will, dat wörre schön!
Haste denn dat all lange 'ewußt?
Marie:
Nä, Grete hat't mick jistern erst vortellt.

Andres:

Wu is et denn mit Gretelein bestellt?
Hat dat noch kein'n, de't jefällt?

Marie:

Ach doch, dat hat tau'n Lüttjen Kanter Lust!

Andres: (zornig)

Tau'n Lüttjen Kanter? Sauwat jiwt et nich!
Darower hewwe ick noch te bestelln.
De Kanters heww'ick alle op'n Strich,
mit de kann'n kein vornünftij Wort vortell'n.
De könnt nich mal en orndlich Swaat afmeihn
un könnt nich mal ne grade Fure pläun.
Da hat et sick jo schöne wat bisunn'n!
Glieks morjen fräuh ward et sick vorrebun'n.
De Mucken driewe ick't wär ut'n Kopp!
Von morjen an steiht't Klocke dreie op,
un kein'n Ahm't kümmt't mehr ut'n Bau.
Ick bin'n Bure, will en Bure sien,
un miene Kinder,de sollt Bur'n frien!
(schlägt mit der Faust auf den Tisch und läuft
wütend umher)

Marie:

No, Vader, protte doch man nich sau!
De Lüe sejjet saugar, hei könne dichten.

Andres:

De solle man süswat vorrichten.
Makt einder mal en lüttjen Varsch,
denn sünd de Fruuns glieks alle narrsch.

211

Dat du sau dumm warst,harr'ick nich 'edacht!
Ick ga nu rin un lejje mick hen. Guenacht!
(ab)
Marie:

Guenacht! – Hei is en richtjen Muckelpott.
Glieks hat hei ümmer groten Prott,
wenn't nich na siene Neese geiht.
Wie slat ne awer doch noch breit.
Als of sön Kanter wat utsteiht!
Den kann nist vordröen un nist vorfreiern,
de kann kein Stücke Veih vorleirn,
un jeden Ersten is't Jehalt wär da.
Ick denke, de Vader sejjt doch noch ja.
(lauschend)
Mick war't jo grade, als wenn't half elwe
slauch?
Rasch owwerhalwe, de Nacht is kort 'enauch!
(Sie nimmt Krug und Glas, wischt mit der
Schürze über den Tisch und geht ins Haus.)

(Ein Chor Dorfmädchen und - burschen kommen sin-
gend auf die Bühne und gehen auf und ab)

Grete:
(verabschiedet sich scherzend von ihnen)
Nu Guenacht, un slapt man schön!
En Fridach Ahm't auf Wiedersehn!

Grete:
(alleine)
Ick kann na nich in't Hus ringahn.
Mien Harte hör ick bienah slan.

Hei hat mick sau gut an'ekiekt,
sau lange miene Hand 'edrückt,
ick brochte keine Silwe rut
un bin'ne doch sau gut!
(setzt sich sinnend auf die Bank)

Hans Holm:
Ich mußte einmal noch vorübergehn,
noch einmal diesen trauten Winkel sehn,
der all mein Glück behütet.
(erblickt sie)
Sie ist noch da. Jetzt hat sie mich entdeckt.
Oh, Fräulein Grete, hab ich Sie erschreckt?
Sie schweigen; soll ich wieder gehn?
Oder darf ich Ihr Beben recht verstehn?
(kommt zögernd näher)
Oh Fräulein Grete – Grete – Gretelein!
Sag, kann es seligsüße Wahrheit sein?
Sag, bist Du – mein?
(Er hält ihr beide Hände hin)

Grete:
(steht auf)
Mein Herz, was schlägst Du mir so toll,
so froh und doch so unruhvoll?
Mir ist ganz wundersam zumut –
(nimmt seine Hände)
Ich bin Dir ja so gut!
Hans:
(zieht sie jubelnd an sich)
Grete, mein Gretelein,
nun bist Du mein.

(Hinter der Bühne ertönen Schritte. Holzpantinen klappern)

Grete:
(erschreckt lauschend)
    Ich muß nun schnell ins Haus hinein
    und Du mußt gehen.
    Auf Wiedersehn!
(sie verschwinden nach zwei Seiten)

Franz Polterjahn:
(auf Holzpantoffeln, die Hände in den Hosentaschen, späht suchend umher und kommt dann nach vorn)
    Ick bin de Bure Franz Polterjahn,
    de Riekste in ganzen Dorp,
    un klopp ick wurns als Frieer an,
    krie ick bestimmt kein'n Korf.
    De smucksten Päre in Dorpe sünd mien,
    de besten Käuhe heww ick stahn,
    un keinder slacht' sönne fetten Swien
    wie ick, Franz Polterjahn.
    Mick fehlt bloß noch ne Fru,
    doch darin bin ick slu:
    Ick hewwet op Greten af'eseihn,
    weil't mick sau gut jefällt.
    Dat Meeken kann sau rar arbein
    un hat en Dalder Jeld.
    Un wenn dat alles tausammekümmt,
    dat jiwt en groten Hucken!
    Ick wett bloß nich, of et mick nimmt,
    et hat ok siene Mucken.

Ick dachte jo, et solle hier noch stahn,
denn wolle ick't glieks vona'md fran:
Sejj, wist du wärn Fru Polterjahn?
(sieht sich ängstlich um)
    Doch balle mot et zwölwe slan,
    denn feng ick an te grul'n.
(zieht die Pantoffeln aus)
    Ick will man liewer op Strümp'n gahn,
    süs kriet mick noch de Uhl'n!
(ab)

2.Aufzug

Erntebild. Auf der Bühne steht eine Kornmandel
Davor eine mit einem weißen Laken
überbundene Kiepe. Einzelne Bunde liegen
umher. Hinter der Bühne klingt Sensendengeln,

Andreas Uhlenhaut:
(spricht in die Kulissen hinein)
    Noja, meiht man dat Swat noch dal,
    un denn is't Veeremahl!
(kommt in den Vordergrund und wischt sich mit der
Hand über die Stirn)
    Ach, Kinder, is dat hüte heit!
    Dat het, wenn dat so wier geiht,
    denn durt de Eern nich mehr lange.

Se sünd ok alle höllsch tejange.
Von düsen Weiten steiht man noch ne Striepe,
bet A'md reckt e woll nich mal,
un morjen geiht' na't Uhlendal!
Da is de Hawer ok all riepe.-
Et is ne Lust, Fritzen wat tauteseihn,
wu de de olle Seisse swinget!
Doch dur'n deit et mick, dat Gretelein
gar nich mehr bi de Arbeit singet.
Et harre ümmer sön'n Mut;
jetzt süht et wie ne welke Blaume ut
un set't ne Jammermiene op.
Dat speukt de Lüttje Kanter noch in'n Kopp.
Et sliekt umher wie sön krank Hauhn
un arbeit ower siene Macht.
Nu piesackt miene Fru mick Dag un Nacht,
ick sall et sienen Willen daun.
Wenn söne Fruens wat op'n Kieker hett,
lat't se nich lucker,bet se't dorch'esett't
Mot't denn nu grade en Kanter sien?
En grötsten Burn in Dorpe könn'n et krien,
de wörre glücklich, wörr' et siene Brut.-
Ja, sönne Meekens griwwelt keinder ut!
De Sache geiht mick tauveel jejen'n Strich.
Ick kann un dau un will et nich,!
(ab)
(Fritz,Grete, Schnitter und Schnitterinnen
kommen auf die Bühne und setzen sich
auf die Bunde.)

Fritz:
De Sunne meint et hüte wirklich gut;

min Himme fänget jo all an te sweten.
Nu, Grete, packe mal de Kiepe ut,
wie willt erst mal en Happen eten.

(Grete packt aus und gibt jedem ein Brot.)

(Die Schnitter sehen in die Ferne und scherzen:)
Kiekt mal, da kümmt Franz Polterjahn, de
Tropp,
wenn de hier lang kümmt, binnt we ne wat op.
Wie sejjet, en Sönndach will de Jünnsche Pa-
ster preddijen
un Hinn'burch will na Druxbarch trecken,

Fritz:
Ach, liewer lat et jüch gut smecken!
Kommt ran un lat't jüch jo nich nödijen!
Ji soll't man noch en Enne Wost afsnien,
un Schinkenspeck is ok noch da.

Der Großknecht::
Wenn't sau heit is, kann'n nich veel runderkrien,
man fröjt na nist mehr na.

Fritz:
Denn drinkt'n lüttjen Sluck, un hier
is ok noch Kaffee un Flaschenbier.
(Sie trinken)
(Hinter der Szene Harmonikaspiel:)
" Wenn hier en Pott mit Bohnen steiht.)"

217

Die Großmagd:
>   Hört mal, Karl speelt allwär sau schön,
>   ok opp'n Steppel kann'n mal rumtreen.
> (Die Schnitter gehen lachend von der Bühne.)

Fritz:
(setzt sich zu Grete)
>   Min Swesterken, du hast jo nist ejetten!
>   Ick hewwe et ganz jenau eseihn,
>   du hast nich einmal af'ebetten.

Grete:
>   Ick könne ümmer, ümmerzu bloß schrein!

Fritz:
>   Wurumme denn? Kannst' mick nich anvortrun?
>   Vor dien Brauder brukst de dick nich te schu'n.

Grete:
>   Hans Holm un ick, wie sünd uns beide gut.

Fritz:
>   Denn süht'n doch awer nich sau durij ut?

Grete:
>   Ja,Ja, de Vader willt doch awer nich,
>   hei hat de Kanters nu mal op'n Strich!

Fritz:
>   Ach wat, dat ward noch alles gut!

Grete:

Du hast ne nich eseihn in siene Wut
Den ganzen Sömmer gräm ick mick nu schon.

Fritz:

Ach, drumme biste woll nich mehr in't Chor
egahn?

Grete:

Ick dorste doch nich, hei hat't mick doch vor-
bo'n!
„Dien Breddejam ward Franz Polterjahn!"

Fritz:

Ach, nä, denn bin ick awer ok noch da!
Vor sön'n Troddel biste mick te schae.
Den het jo alle Jungs vorn Narrn, sie man te-
fre'n,
da soll mal nist ut wärn!
Un wenn't de grötste Bure is,
hier boben hat hei doch en Riß!
(sieht nach hinten)
Da hin'n seih ick dienen Hans jetzt gahn,
de kümmt amenne vonne Bahn.
Ja, Swesterken, ick raupe ne mal ran!

Grete:

Um Himmelswilln, dat könn'n de andern seihn!

Fritz:

Ach wat, de fänget allwär an 'te meihn.
Ick sejje, du bist na Hus egahn.

De het jo sauwiesau man noch en betchen
stahn.
(spricht nach hinten)
Herr Kanter, het Se mal'n Augenblick Tied?
Ick möchte Se mal järn spreken.
Da vorn steiht'n lüttch durij Meeken,
vielleicht wett't Sei, wut anne liet.
(ab)

Hans Holm:
(kommt näher)
(ernst:)
Bist du denn noch mein Gretelein?

Grete:
Ich bin es noch und darf es doch nicht sein!

Hans:
Ich hab auf dich gewartet Tag und Nacht,
und du hast wohl nie mehr an mich gedacht.
Einsam verstrich des schönen Sommers Frist.
Warum kamst du nicht einmal vor die Tür?

Grete:
Ich durfte nicht, Vater verbot es mir!

Hans:
Warum denn nur?

Grete:
Weil du kein Bauer bist!

Hans:

Kann ich dafür, daß ich kein Bauer bin?
(erregt)

Oh, dieser stolze, starre Bauernsinn,
der lieber seines Kindes Herz zerbricht,
als daß er könnte seinen Hochmut dämpfen!

Grete:

Nein, nein, du kennst den Vater nicht!
(ängstlich)

Er läßt sich doch durch nichts erweichen

Hans:

Steht nicht die Liebe höher als die Pflicht?

Grete:

So hart es ist, wir werden nichts erreichen
und müssen Abschied nehmen.
(Hält ihm weinend beide Hände hin)
Hans:
(bewegt)

Der Sommer denkt ans Scheiden,
die Ährenfelder werden leer,
sag, warum wird uns beiden
das Abschiednehmen gar so schwer?
Laß sich die Hände finden
zum letzten Druck in stummer Pein-
Wir müssen überwinden,
wir werden nie ganz einsam sein.
Türmen sich tausend Schranken
und trennen uns auch weltenweit:
Uns bindet heißes Danken

für eines Sommers Seligkeit!
(Er küßt ihr Stirn und Hände.)

(Der Vorhang fällt.)

3.Aufzug

Bühnenbild wie im 1:Aufzug

Andres:
(läuft aufgeregt umher,ruft dann nach hinten)
   Mariechen, ick möchte mal mit dick köär'n,
   un wolle diene Meinung hör'n.

Mariechen:
(Hinter der Bühne)
   Ick hewwe keine Tied tau'n Snacken,
   ick bin doch noch bi'n Kaukenbacken.

Andres:
   No, Grete is doch ok noch da?

Marie:
   Ach, dat makt doch de Eernbra!

Andres:
   Se hat allwär mal keine Tied,
   denn krie' ick de Sache alleene sau wiet.
   Ick hewwe mick nämlich wat bisunn'n
   un twintij mal wat owerlejjt:

Mien Gretelein gefällt mick slecht,
de roen Backen sünd vorswunn'n,
un ümmer is et dichte vorn Schrein,
ick kann et nich mehr mit anseihn.
Denn will ick ok kein Unminsch sien,
denn lat't doch sienen Kanter frien!
(ruft nach links)
　　Grete, kumm doch rasch mal her,
　　ick will dick mal wat fra'n!

Grete:
　　Ach Vader, ick bin doch bi'n Bra'n,
　　da kann ich garnich gut vongahn.

Andres:
　　Dat durt nich lange, ick wolle dick man sejjen,
　　Franz Polterjahn hat mick wär annekejjen,
　　hei fröjt taun letzen Male an,
　　of hei dien Breddejam wärn kann.
　　Hei is jo en betchen dumm un groff,
　　hat awer hier'n grötsten Hoff.
　　Nu sie nich dumm un fate tau.
　　Sall ick ne denn dat Jawort jebn?

Grete:
(traurig)
　　Ach, Vader, quele mick doch nich sau,
　　ick kann Franz Polterjahn nich nehm'n!

Andres:
(streichelt ihr gütig das Haar)
　　Wenn't de nich, ist en ander,

223

wu wörrt denn mit den Lüttjen Kanter?

Grete:
(weinend)
>Taun Spaßen bin ick nich op'elejt,
mien Harte is mick doch sau swar.

Andres:
(ernst)
>Ick hewwet ut vulln Ernst esejjt!

Grete:
(freudig)
>Ach, Vader, is dat würklich wahr?

Andres:
>Ja, Kind, du hast't mick sülb'n vortellt.
Doch eine Bedingung mot ick stelln,
da mot hei sick jenau nach richten:
Hei sall en Lied op unse Börde dichten.
Klocke veere mot et fertij sien,
süs kann hei miene Grete nich krien.
Un denn sejj nochmal dienen Hans,
Klocke veere bringet se en Eerenkranz,
denn sall hei ok en betchen komm'n.
Doch jo nist tau de Mutter sejjen,
Süs denkt se bloß, se hat mick rummekrejjen.
(beide ab)

Marie:
>Is denn de Vader nich mehr hier?
De is hüte wie sön Fejefür.

Hei solle mal den Kauken prob'n!
Hei is jeran, ick mot mick sülbn lob'n,
Hat guen Opjang un en guen Herd.
No, Greten hewwe ick et ok 'elehrt.
De backt un brat wie sönne Olle;
wenn't blöß erst wär singen un lachen wolle!
Hüte namedach bringet se en Eerenkranz
un nachher is bi Körtjen Danz.
Bloß, Grete will sick wär henlejjen
un will den Truwel nich mitmaken,
- un alles um'n Vader sien'n Staken!
Ick will'n et awer nochmal sejjen,
ick seih et nu nich mehr mit an.
Mien Kind sall nich te Grunne gahn!

(ab)
(Andres kommt von der anderen Seite,
Fritz folgt ihm.)

Fritz (verlegen stammelnd):
Ach, Vader haste nich mal'n Augenblick Tied?
Ick dachte man, ick meine bloß, amenne -
ick wörre woll nu ok sau wiet,
dat ick an't Frieen denken könne.

Andres:
Mick hat't all veel te lange durt.
Wen haste dick denn ut'elurt?

Fritz:
Ick dachte, Lieschen Treers soll't wärn.

Andres:

Dat is e rar Meeken, dat seih ick järn,
denn haste ne gue Wahl 'edropen.

Fritz:

Nu will ick awer rasch henlopen un mick dat
Jawort hal'n.

Andres:

Erst moßte awer de Mutter fra'n!

Fritz:

De is ok damit invorstahn!
(ab)

Andres:
(ruft laut)
Marie!
(sie kommt)
Nu, Mutter, bind ne reine Schörte vor,
se sammelt sick all vor'n Dor.
Wat sejjst du denn nu man taun Jungen?
Sau hoch is hei vor Freude sprungen.
Hei is all henne un halt de Brut.
No, wiste dick denn garnich freun?

Marie:

Dat is jo alles schön un gut,
bloß Grete, dat mot wär tauseihn.

Andres:

Lat man, dat warste ok noch los!

Marie:
> Ach, darumme nich, et durt mick bloß!

(Schnitter und Schnitterinnen versammeln sich auf
der Bühne. Fritz und Lieschen und Hans.
Grete steht bei den Eltern.)

Die Großmagd:
(tritt vor und überreicht den Erntekranz)
> Wie bringet hier en Eernkranz,
> nu is alles af un inne Bans.
> Harn je mehr 'eseiht,
> harn we mehr 'emeiht,
> harn je mehr ewunn'n,
> denn harn we mehr 'ebunn'n!
> Düsse Kranz is nich von Lumpen un Lappen,
> hei is von lauter Hawerquappen!

Andres:
> Ick danke harzlich for den Kranz!
> Wie danzt ok beide'n ersten Danz.

(nachdem die Großmagd den Erntekranz überreicht
hat und der Bauer dafür gedankt hat, spricht Grete)
Grete:
> Wir wollen Kränze tragen aus purem Ähren-
> gold.
> Der letzte Erntewagen ist auf den Hof gerollt.
> Nach allem Mühn und Hasten
> gibt's jetzt ein frohes Rasten
> und lustig wird getollt.

(Die Leute treten zu Paaren an.Das erste Paar macht
ein paar Ländlerschritte und singt dann nach der Me-
lodie den Schnadahüpferl:)
          „Jochen un Mieke, de willt sick mal dreihn."
(Das zweite Paar tut dasselbe)
          „Kurschan un Fieke willt ok nich tauseihn."
(winken den andern)
          Staht nich anne Wänne,
          fat't jüch bi de Hänne,
          lat't de Röcke weihn
          un de Tüffeln flein!
(Sie tanzen alle dann tritt der Bauer zu Hans Holm,
der solange im Hintergrund stand)

Andres:
          Herr Kanter, komm't se doch mal ran,
          düt Meeken will jüch afslut taun Mann,
(Zeigt auf Grete)
          Wat sejjet Sei man bloß datau?

Hans:
(vortretend)
          Und ich möchte Grete gern zur Frau!

Andres:
          Dann hat jo alle Not en Enne.
          Nu jewet jüch mal beide Hänne.
(Führt sie zusammen.)
(Schelmisch)
          No, Mutter, biste denn nu tefre'n?

Marie:

Ja, Vader, un nu fiert we schön!

Andres:

Ach nä, et is na nich sau wiet!
(zu Hans)
Wu is't denn mit dat Bördelied?

Hans:

Schmucklos und trist soll unsre Börde sein,
weil ihre Höhn nicht dunkle Wälder kränzen,
weil in der Sommernächte Sternenschein
nicht märchentiefe Seenaugen glänzen?
Ihr nennt sie nüchtern, ohne Poesie,
die doch so unermeßlich schön vor andern.
Ich zürn euch nicht, Ihr durftet wohl noch nie
im Morgenglanz durch unsre Fluren wandern.
Noch träumt das Dorf. Noch liegt auf Halm und
Rain
der Morgentau wie zarte Perlenschnüre,
und nur der Lerche Jubelouvertüre
klingt hell das Hohelied der Arbeit ein.
Wohl scheint es uns an manchen Tagen fast,
als dröhnt' es in zu wuchtigen Akkorden;
das Bördekind empfindet's nicht als Last
- und manchem ist es Trösterin geworden.
Gott segne unsre schlichte Heimatflur
und die sich ihrer herben Schönheit freuen!
Mit jedem jungen Tag laßt uns erneuen
der lieben Börde unsern Treueschwur!

Andres:

Bravo, dat hat mick gut jefall'n!

(beiseite)

Hei mot doch wat dr'von vorstahn.

(laut)

Nu willt wie en Liewreim'n wie'rsnall'n
un seihn, of de Eernbra'e is jeran.
Un denn will we et Danzbein swingen,
doch vorher will we nochmal singen:

(Alle singen nach der Melodie:
„O, daß ich tausend Zungen hätte")

Die Feierabendglocken klingen
das liebe, traute Dorf entlang;
nun laßt uns unserm Herrgott bringen
von Herzen unsern Erntedank.
Er gab nach harter Müh und Fron
uns schönen, reichen Erntelohn.

(Der Vorhang fällt)

Museum
Ummendorf

Nachwort

Thea Martin – Pseudonym einer Dichterin

von Sabine Vogel, Ummendorf

(Auszug)

Im letzten Viertel des 19. Jahrhunderts sind sie geboren: Waldemar Uhde, Wilhelm Rauch, Gustav Behrens, Hedwig Gorges und auch Thea Martin, so das Pseudonym von Dora Höpner aus Druxberge, unter dem die meisten ihrer Gedichte und versartig ausformulierten „Lüttjen Dorpjeschichten" zur Veröffentlichung kamen.

(...)

Das Dichten, genauer gesagt Dorfleben in Reime zu fassen sowie Gedanken und Gefühle zu Papier zu bringen, gehörte zu ihren sicher nicht ganz alltäglichen Neigungen, die sie ihr Leben lang nicht mehr losgelassen haben. Dabei war sie gänzlich in die Arbeiten der bäuerlichen Wirtschaft eingebunden, die wohl nur wenig Freiraum ließen, „Et Allda's na'n Felle un Sönnda's Strümpestoppen und Hosen flicken. Tau Vergnügungsreisen jiwt et keinen Urlaub."- so beschrieb Dora Höpner selbst ihr tägliches Tun.

Zu Lebzeiten bekannt gemacht haben Dora Höpner die Reime in ostfälischer Mundart, und so sind solche „Klassiker" wie die „Mauskantate",„De Prillekentied" und „Wost wedder Wost" bis heute bei den Älteren lebendig geblieben. Die Zeilen zu „Mien Drömmenest" gelten als die gelungensten in ostfälischer Sprache.

Die Wertschätzung Dora Höpners durch ihren Mentor Albert Hansen, Mitbegründer und Leiter des Ummendorfer Museums, wird des öfteren zitiert und ist am Ende des Einführungsteils zum Holzland-Ostfälischen Wörterbuch nachzulesen. Kaum bekannt hingegen ist ein Brief Albert Hansens an die Dichterin aus dem Jahr 1941 in dem er übermittelt: „Sie haben besonders in Dr. Bischof, dem Herausgeber des Ostfälischen Wörterbuches, einen Freund gewonnen, der ihre lyrischen Gedichte an die erste Stelle aller unserer Mundartdichter stellt. Sie dürfen darüber stolz sein."

Auch ihre aus heutiger Sicht weniger bekannten Theaterstücke „Wi bringet hier'n Eernkranz", ein Erntespiel in drei Aufzügen, „Dat Slachtefest", ein lustiges Fastnachtsspiel in drei Bildern, und „En Kaffeeklatsch" fanden großen Anklang, obwohl sie sich ihrer Sache offenbar gar nicht so sicher war. Denn in einem Brief vom November 1935 an Dr. Albert Hansen schreibt sie: „Leiwe Herr Dr. Hansen! Dat willt se daun? Mien Slachtefest opführn? Hier, wu mick jeder kennt, mochte dat sien. Werd de fröm'n Lüe nich mit fule Äppel smieten? Wenn dat man gut geiht!" (...)

Ihre ausdrucksstarken lyrischen Texte verlangen nach einer intensiven persönlichen Beschäftigung und vermitteln ein beeindruckendes Bild dörflichen Lebens, lassen die Heimatverbundenheit Dora Höpners

spüren und beschreiben in beredter Weise Land-
schaft und Natur im Jahreslauf. Die Dichterin vermag
aber auch, ihre Hoffnungen, Sehnsüchte und
schmerzlichen Enttäuschungen in einer ihr ganz ei-
genen Wortbildung, Begrifflichkeit und Ausdruckswei-
se lyrisch umzusetzen.

Der anläßlich ihres 35. Todestages veranstaltete öf-
fentliche „Burgabend" im Bördemuseum Burg Um-
mendorf brachte Auszüge der bekannten mundartli-
chen Texte und – möglicherweise als Premiere –
hochdeutsche Dichtung zu Gehör, – eine wohl längst
fällige Würdigung Dora Höpners, die mit diesem Bei-
trag eine kleine Fortsetzung erfahren soll.

Register

Plattdeutsche Gedichte

Theaterstücke